La Guerre et le Droit

LEÇONS

données à l'Université de Louvain en 1921

PAR

A. PILLET

PROFESSEUR A LA FACULTÉ DE DROIT DE PARIS

LOUVAIN
LIBRAIRIE UNIVERSITAIRE
A. UYSTPRUYST-DIEUDONNÉ
10, rue de la Monnaie, 10
— 1922 —
IMPRIMÉ EN BELGIQUE

LA GUERRE ET LE DROIT

La Guerre et le Droit

LEÇONS

données à l'Université de Louvain en 1921

PAR

A. PILLET

PROFESSEUR A LA FACULTÉ DE DROIT DE PARIS

LOUVAIN
LIBRAIRIE UNIVERSITAIRE
A. UYSTPRUYST-DIEUDONNÉ
10, rue de la Monnaie, 10
— 1922 —
IMPRIMÉ EN BELGIQUE

A MES AUDITEURS DE LOUVAIN

Messieurs et chers Amis,

J'ai toujours présente à l'esprit la bienveillante attention avec laquelle vous avez suivi mes conférences de l'automne dernier. Vous avez parfaitement compris l'importance vitale des questions que j'ai agitées dans cet enseignement et vous savez que ces mêmes questions se dresseront devant vous aux heures tragiques que comptera peut-être votre existence.

Aujourd'hui je viens vous offrir ce petit livre, simple reproduction des leçons que j'ai eu l'honneur de vous donner. Je ne le tiens pas pour excellent, pas même pour remarquable et les critiques qui lui seront adressées ne me surprendront pas. On parle trop de la vanité de l'auteur, l'auteur n'est pas toujours l'Ourse de la fable et il lui arrive souvent en revoyant son œuvre d'être frappé des défauts plus que des qualités de celle-ci. Mais pourquoi cette digression alors que je voulais vous dire simplement et en quelques lignes que ce petit manuel vous sera utile précisément par ce qu'il a d'ordinaire, de banal, de terre à terre. Je ne fréquente pas, vous le savez, dans les officines où l'on compose les savantes formules d'où sortira infailliblement le bonheur de l'humanité de demain. Je dis plus, ces formules m'inspirent une méfiance invincible. Je ne sais pas de quoi sera faite l'humanité de demain, mais si j'ouvre les yeux sur l'humanité d'aujourd'hui, je constate qu'elle se débat dans un désordre et dans une impuissance qui ne s'étaient jamais vus.

Quel remède apporter à cette maladie du corps social si ce n'est un retour aux lumières du simple bon sens et aux leçons si frappantes de l'expérience. C'est l'idée maîtresse que j'ai pris à tâche de développer devant vous, vous la retrouverez dans les pages de ce petit livre. Elle est digne de retenir votre attention et de se présenter à votre esprit quand vous aurez la lourde charge des affaires des autres et que le temps sera venu pour vous de prendre des décisions graves.

Je vous ai enseigné, Messieurs, que l'on ne peut attendre d'amélioration sensible des relations internationales que d'une observation plus parfaite des préceptes du christianisme. J'en ai la conviction intime et je crois que le monde est actuellement placé dans l'alternative d'une chute dans la barbarie dont nous apercevons les prodrômes inquiétants ou d'un retour très net aux principes de la doctrine chrétienne. C'est à eux que nous devons notre civilisation, eux seuls peuvent la sauver et M. l'avocat Bonnevie a montré un sens fort aigu des réalités lorsqu'il a consacré sa fondation à l'enseignement d'un droit des gens chrétien.

Je ne veux pas, mes chers amis, mettre à ces quelques lignes le point final sans vous dire que je garderai de mon passage à Louvain le meilleur souvenir.

A. PILLET.

PREMIÈRE CONFÉRENCE

MONSEIGNEUR, MESSIEURS,

Votre Université m'a fait le grand honneur de m'inviter à inaugurer la chaire de Droit des gens chrétien qu'un de ses amis a voulu lui léguer. Je ne saurais vous dire combien cette attention m'a touché, et j'ajoute que ma présence dans ces murs évoque d'abord en moi le souvenir de ma petite patrie. Il y a quatre cents ans un chanoine d'Annecy, Eustache Chapuis, voulut fonder quelques bourses d'études au profit des jeunes gens de sa ville natale et c'est à l'université de Louvain qu'il confia le soin de leur instruction. C'est un savoyard, un compatriote d'Eustache Chapuis qui vous parle et il ne se rappelle pas sans émotion que durant de longues années, des étudiants savoyards ont accompli un long et pénible voyage pour venir s'abreuver à cette source des saines doctrines et des bonnes lettres.

De quoi vous parlerai-je ? De quoi parler au milieu de ces ruines, sur cette terre arrosée du sang innocent de si nombreuses victimes, de quoi parler sinon de la guerre, ce fléau des peuples; de quoi parler sinon du droit, cette aspiration éternelle de l'humanité au règne de la justice? On a beaucoup écrit sur la guerre, on l'a parfois louée, plus souvent on l'a maudite, on a voulu la civiliser et l'on a prétendu la détruire. La guerre s'est ri de nos efforts et est demeurée à toute époque, le vieux problème impénétrable à l'esprit, l'énigme la plus angoissante qui pèse sur les destinées de l'humanité.

Les siècles ont succédé aux siècles ajoutant chacun quelque chose aux ruines du passé et aux richesses du présent. Les progrès des sciences exactes ne se comptent plus et lorsque je compare ce que l'on savait au temps de ma jeunesse à ce que l'on sait aujourd'hui, il me semble vraiment que j'ai vécu le temps de plusieurs générations. Cependant au milieu de ce perpétuel changement un seul phénomène est demeuré constant, la guerre, la guerre qui a progressé elle aussi, mais en mal, étant devenue plus horrible qu'elle ne le fut jamais, mais continuant de présider seule, on peut le dire, aux destinées de l'humanité.

C'est toujours la fortune des armes qui donne à un peuple son indépendance et qui fixe les limites de sa domination et lorsque l'heure de la ruine et de la mort aura sonné pour lui, ce sera à la fortune des armes qu'il devra sa perte. L'histoire du monde est l'histoire des guerres du monde.

La raison ne perçoit pas cette nécessité et proteste. Pourquoi les nations ne prendraient-elles pas le parti de respecter réciproquement leur domaine et leur souveraineté ? C'est ce que se demandait déjà au XVIIIe siècle l'abbé de St-Pierre et il ajoutait que les traités d'Utrecht pourraient servir de charte perpétuelle à l'Europe. A sa suite tous les utopistes ont posé la même question, car leur cerveau est ainsi fait que l'expérience des siècles ne compte pas pour eux et qu'ils ne comprennent pas que le monde suive des voies différentes de celles que leur inépuisable fantaisie lui a tracées. Et lorsqu'un conflit s'élève, révélant l'antagonisme de deux peuples ou mettant en discussion l'étendue de leurs droits, au lieu de prendre les armes, pourquoi ne recourraient-ils pas à l'arbitrage d'hommes intègres, ou encore à quelque haute juridiction que l'on constituerait juge des intérêts des nations ? Rien n'est plus absurde que la guerre comme mode de solution des litiges internationaux, c'est la vérité même. A la guerre ce n'est pas le parti le plus juste qui l'emporte, c'est le parti le plus fort ; la victoire suit indifféremment les enseignes des bons et des méchants et l'excès du mal qui courbe le vaincu sous la loi du vainqueur ne convainc point le premier du bon droit du second, car on ne persuadera jamais à nos cerveaux latins que la supériorité des forces militaires soit le signe certain de la supériorité d'une civilisation. La guerre, de plus, par son imminence corrompt la paix elle-même, et oblige les peuples à soutenir le poids d'armements difficilement supportables. Aujourd'hui même des hommes sont réunis à Washington qui tâchent de conjurer ce fléau. Nous ne sommes point assez optimiste pour penser qu'ils y réussiront mieux que leurs devanciers.

A ces raisonnements il n'y a presque rien à ajouter, une petite chose cependant, c'est qu'ils n'ont jamais exercé la moindre influence sur les destinées des nations. Je parle pour le passé et je parle également pour le présent car, il est déjà très probable, pour ne pas dire certain, que cette nouvelle institution de la Société des Nations, machine introduite par surprise dans le traité de Versailles et qui fonctionne depuis à peu près à vide, sera impuissante à épargner au monde même un seul coup de canon. Lorsque nous considérons ce problème de la guerre nous nous sentons donc en présence d'une énigme insoluble. Comment se fait-il que la voix de la raison demeure dans ce domaine sans autorité et que le monde délaissant le meilleur qu'il voit et qu'il approuve, suive régulièrement le pire.

Essayons toutefois de découvrir la cause de cette antinomie.

Cette cause la voici telle que je la vois. La raison n'est pas le seul mobile des actions des peuples. A côté de la raison il y a une autre chose, que j'appellerai l'instinct des peuples, l'instinct dont il importe de tenir grand compte car sa puissance est si grande qu'elle refoule le plus souvent l'action qu'exercerait la raison.

Tout n'est pas mauvais dans l'instinct des peuples et si nous envisageons d'abord l'instinct de conservation du peuple qui ne veut pas mourir ou être asservi, nous dirons de cet instinct qu'il est excellent. Le monde perdrait quelque chose à la disparition de la France ou de la Belgique, cela n'est pas douteux. Aussi, le droit de légitime défense, le droit de repousser la force par la force se passe-t-il de justification et ces docteurs de l'Eglise n'ont jamais eu grand crédit qui voulaient, comme Tertullien ou Origène, que le chrétien ne se défendît même pas, à l'exemple de Notre Seigneur Jésus-Christ, qui a accepté le mal sans le rendre. Cette résignation peut être le fruit de sublimes vertus, elle ne saurait être la loi du monde où nous vivons.

Si l'instinct des peuples ne les portait jamais qu'à se défendre, cet instinct ne contrarierait pas les lois de la nature et de la justice, mais il ne s'arrête pas là. Un peuple désire toujours se fortifier, s'étendre, fut-ce au détriment de ses voisins et il est remarquable qu'à notre époque cette tendance à l'impérialisme est plus forte qu'elle ne l'a jamais été, plus forte sûrement qu'au temps ancien où l'Etat était regardé comme le patrimoine du Souverain. Alors, on échangeait de grands coups d'épée, mais les acquisitions territoriales s'opéraient beaucoup plus souvent par l'effet d'un contrat de mariage ou par l'ouverture d'une succession que par voie de conquête.

Les temps ont bien changé et le respect du droit n'y a rien gagné. Lorsque, au Congrès de Westphalie, le nonce Chigi et après le Congrès de Vienne, le cardinal Consalvi, protestaient contre les spoliations dont l'Eglise était la victime, on pensa sans doute qu'ils s'acquittaient là des devoirs de leur charge et ces actes ne trouvèrent aucun écho. Ce fut une erreur funeste. Il n'était pas à présumer que la voracité des grands s'arrêterait aux biens de l'Eglise. Les médiatisés le virent bien lors du Congrès de Vienne. Leurs requêtes furent écartées. Elles étaient signées pourtant par un prince de Metternich. Aujourd'hui le monde vit entre plusieurs impérialismes et la question pour lui est moins de savoir si chaque Etat gardera son indépendance dans ses limites actuelles que de deviner quel sera l'impérialisme qui finira par l'emporter et par asseoir sa domination sur les mers et sur les terres.

Les choses ont leur ironie. Récemment, lorsque en France les voix les plus autorisées réclamaient la frontière du Rhin comme la seule protection efficace contre les aggressions allemandes, la presse des deux mondes dénonçait à grands cris l'impérialisme français ! A cette trouvaille, permettez-moi de sourire, Messieurs. On parlera peut-être aussi quelque jour de l'impérialisme belge et comme on ne peut pas parler de tout, on passera sous silence, l'impérialisme anglais, l'impérialisme américain et l'impérialisme japonais, voire même l'impérialisme grec ou italien, sans compter l'impérialisme allemand qui sommeille à côté de nous toujours menaçant. Si la presse est la grande maîtresse d'école du peuple, les peuples d'aujourd'hui doivent être bien instruits.

L'instinct du peuple ne s'arrête pas là, hélas ! et vous me comprendrez, hommes de Louvain, si j'ajoute qu'il y a encore chez certains peuples au moins un instinct bestial qui les pousse à la rapine, au meurtre, à la dévastation, aux pires horreurs.

Lorsqu'on a vu l'armée, la plus ordonnée qui soit au monde, assassiner, brûler, remplir ses fourgons de choses volées, on ne peut s'empêcher de penser qu'il y a dans la foule de bas instincts, qui, s'ils ne sont pas sévèrement contrôlés par une discipline de nature religieuse et morale, tendent à la ravaler au niveau et même au-dessous du niveau des simples animaux.

Je parle des peuples et non pas des individualités qui les composent. La remarque a été faite depuis longtemps et au souvenir des horreurs dont votre cité a été le théâtre, vous avez dû la refaire vous-même souvent. L'instinct des hommes en corps n'est pas identique à l'instinct des hommes pris isolément et il est probable par exemple, que les soldats qui ont ici même déshonoré leurs drapeaux auraient reculé chacun en particulier, devant les forfaits qu'ils ont, en troupe, commis d'un front d'airain. Mais laissons cette triste engeance et revenons aux hommes d'honneur. Ils nous fourniront un meilleur exemple, car il est pénible de constater qu'un homme d'Etat, même scrupuleux, accomplira parfois pour le compte de la nation qu'il dirige des actes dont il s'abstiendrait soigneusement si ses propres intérêts étaient en jeu. Il fut un temps où la grande occupation de la diplomatie était de répandre l'argent à bon escient et ce temps ne correspond certes pas à une époque peu civilisée.

Les choses sont ainsi et lorsqu'on s'applique à l'étude des phénomènes qui dominent la vie du monde il faut voir les choses telles qu'elles sont et non pas telles qu'elles pourraient être si nous vivions dans un monde différent. Et même quand nous nous heurtons comme dans le cas présent à une énigme qui défie notre raison et décourage notre effort, nous devons nous soumettre et nous dire que notre raison ne voit pas tout et que Dieu qui gouverne le monde ne nous doit aucun compte de ses desseins.

Mais au moins, s'il nous paraît vain de nous rebeller contre la grande loi de la guerre, ne pourrons-nous employer notre zèle à en diminuer les rigueurs ? La tâche est plus modeste et il nous coûterait beaucoup d'être obligé de renoncer à l'espérance d'introduire une certaine humanité dans la guerre. Au reste cette espérance n'est pas illusion pure. On fait la guerre pour parvenir à la victoire et tout le mal qui ne contribuerait pas à assurer le succès est inutile et partant coupable. C'est là le commandement de la raison. Pourquoi ne pas lui obéir? Avançons un peu. La guerre est conciliable avec une certaine humanité et les anciens nous disaient déjà qu'un ennemi blessé était à considérer non plus comme un ennemi mais comme un frère. Poussons plus loin encore. Les armées sont le grand refuge de l'honneur et l'honneur se dressera comme une barrière devant celui qui négligerait ses prescriptions. Et en fait il n'est pas douteux que les militaires ne sont sourds ni à la voix de l'humanité ni à celle de l'honneur. Lorsque certains ont dans un calcul de basse politique qualifié de criminels les officiers qui conduisent nos troupes au combat, le bon sens public a balayé d'un souffle cette véritable monstruosité. Ainsi un droit de la guerre a existé et peut exister encore qui n'empêchera pas sans doute les combats d'être livrés et les hommes de s'entretuer mais qui réussira au moins à épargner au monde les pires excès de la force et sauvera la réputation de la race humaine. Au moins nous pensions ainsi il y a peu d'années.

Hélas, Messieurs, l'expérience de la dernière guerre a fait litière de ces légitimes espérances comme de ces déraisonnables illusions, ramenant la pratique des hostilités à une sauvagerie que le monde n'avait peut être jamais connue et dont à coup sûr il avait perdu le souvenir. C'est en vain qu'on avait bâti, l'édifice a croulé tout un coup dans un nuage de poussière ensanglantée. C'est en vain que l'on avait fait appel à la foi des traités pour assurer le respect de ces lois que leurs auteurs pensaient avoir inscrites dans le bronze. Les traités ont été déchirés et rien ne subsiste plus de leurs savantes dispositions. Vous le savez mieux que personne, vous qui avez dû renoncer à cette neutralité qui promettait de vous protéger et qui vous a livrés sans défense aux mains de votre ennemi. La licence a rompu ses freins. Faut-il donc désespérer de l'avenir et répéter avec cet ancien que l'homme est un loup pour l'bomme et que rien n'est à dire de plus ?

Vous le sentez, Messieurs, c'est l'histoire la plus voisine de nous qui donne à la vieille question de la guerre et de ses lois, sa physionomie nouvelle et l'acuité avec laquelle elle se présente à nous. Il ne s'agit plus aujourd'hui de plus ou de moins, d'une loi meilleure ou d'une loi moins parfaite, il s'agit de savoir si des ruines du passé nous tirerons encore quelque chose ayant l'apparence d'une loi, ou si nous devrons nous résigner à reconnaître que rien de réel ne peut être édifié dans ce domaine, qu'il faut courber la tête et laisser la violence à ses seules directions. Et ce n'est pas encore assez dire. Le temps a marché et les guerres qui furent longtemps le fait des hommes d'armes, englobent maintenant les peuples. C'est par millions que l'on compte les combattants et hélas aussi les victimes. Notre évolution politique a eu cet effet, qu'à coup sûr, on n'avait pas prévu, et ce que l'on peut appeler la phase démocratique de la guerre, est ce qui donne le caractère le plus poignant au problème qui va nous occuper. Telle est la triste réalité.

Lorsque ce fidèle ami de votre Université, M. l'avocat Bonnevie, a voulu qu'un enseignement de droit international chrétien vous fût donné en son nom, il a entendu sans doute, que les leçons que vous recevriez ici, fassent de vous des esprits forts, des hommes capables de comprendre et capables de juger. Vos maîtres m'ont fait le grand honneur de m'appeler à inaugurer cet enseignement. Je dois vous dire un mot de l'esprit qui me dirigera. Je vous exposerai comment aux diverses époques de l'histoire moderne, on a cherché à remédier à la fréquence des luttes entre peuples, et aussi à canaliser la guerre et à en maintenir le cours entre les rives du droit. Nous parcourrons ainsi la doctrine des canonistes, celle de Grotius et à sa suite celle des jurisconsultes des XVIIe et XVIIIe siècles. Puis nous aurons à envisager l'œuvre poursuivie par le XIXe siècle, et nous apprécierons particulièrement ces grandes conventions de La Haye qui terminent ce siècle de tâtonnements et d'incertitude, conventions trop louées, qui promettaient tant et qui n'ont rien donné. Nous irons de là jusqu'à nos jours, jusqu'à cette guerre de 1914 qui a remis en question toutes les prétendues conquêtes que la civilisation avait faites, enfin jusqu'à ces traités de 1919, qui devaient nous amener la paix et qui n'ont produit jusqu'ici que le désordre et l'inquiétude.

Ma méthode sera simple et consistera à vous dire la vérité. La vérité et rien autre. Ne croyez pas, Messieurs, que cette méthode soit si commune, et sachez que beaucoup de gens s'en éloignent qui sont cependant fort honnêtes et à qui on ne peut reprocher qu'un excès d'imagination. Il est doux de penser que par ses travaux on parviendra à servir la cause de la paix du monde, et ce serait une gloire enviable de trouver des combinaisons si savantes, qu'à l'abri de leurs dispositions, les peuples n'auraient plus qu'à marcher la main dans la main dans la voie du progrès. Ces illusions sont mauvaises, elles doivent être combattues et détruites. Elles existaient déjà en 1914 et bien des personnes, dont le nom faisait autorité, disaient qu'il n'y aurait plus de guerres, ou, plus modérés affirmaient que l'on ne verrait plus de grandes guerres. Or nous sortons d'une guerre, la plus grande peut-être qui ait jamais été, d'une guerre qui a coûté en vies et en or, plus que la guerre de cent ans, — mais que seraient-ce ces monceaux d'or si ces millions de jeunes hommes que l'erreur pacifiste a contribué à faire périr, étaient encore là — d'une guerre telle que le monde en est tout ébranlé et n'a recouvré encore ni son ordre, ni son équilibre. Vous avez vu, vous citoyens de Louvain, ce qu'a valu au cours de cette guerre cette civilisation allemande si vantée et parmi ceux qui anxieux interrogent l'avenir, vous êtes préparés plus que tous autres, à connaître la dure vérité.

Cette vérité je ne chercherai pas un instant à la farder à vos yeux. Nous allons, dans les leçons qui suivront, examiner comment, aux diverses époques de l'histoire, on a cherché à éviter la guerre et comment aussi on s'est efforcé d'en adoucir la rigueur. Nous aurons grand soin de placer en regard des progrès souhaités, les progrès réels et de juger les théories par les faits qui les ont justifiées ou condamnées. Nous aurons, je vous l'annonce, plus de causes de tristesse que de causes de joie.

Enfin nous clorons cette enquête en vous disant comment, à notre avis, se pose le problème dont nous vous aurons décrit les états successifs et quels remèdes paraissent pouvoir s'y appliquer avec fruit. Si de cet enseignement de quelques semaines vous retirez des idées nettes et une vue saine des affaires du monde, je croirai avoir fait mon devoir, en contribuant à vous donner cette forte éducation de l'esprit que M. Bonnevie a voulue pour vous.

SECONDE LEÇON

Les doctrines des canonistes

La première école qui ait consacré ses soins à l'analyse de la guerre et du droit en vigueur au cours des hostilités est l'école des canonistes.

La doctrine que cette école nous a léguée a régné avec une constance parfaite depuis St-Thomas d'Aquin qui en fut le grand définiteur et qui lui-même s'inspira de St-Augustin, jusqu'à la fin du XVIe siècle où elle eut d'illustres représentants, parmi lesquels Suarez et Victoria.

Comment les canonistes avaient été amenés à s'occuper de ces questions de droit public, il est facile de le comprendre. Les cas de conscience étaient tout-à-fait dans leur domaine et on imagine peu de cas de conscience plus graves pour un chrétien que le point de savoir s'il a fait une guerre juste et s'il l'a conduite suivant les préceptes du droit. Puis il faut considérer que les papes possédaient à cette époque une magistrature suprême. Ils puisaient même dans leur autorité le droit de déposer les rois et de mettre les royaumes en interdit en cas de violation des lois essentielles de la religion. Une doctrine solide leur était nécessaire pour donner une base aux décisions qu'ils rendaient.

La doctrine des canonistes est tout-à-fait pacifique et éminemment juridique; c'est certainement la doctrine la plus juridique qui ait jamais été émise dans ce domaine. Le droit de faire la guerre est pour eux le prolongement de la magistrature exercée dans chaque Etat par le souverain à l'encontre des malfaiteurs publics; de même qu'un roi a le droit de châtier les crimes et d'infliger aux coupables la peine qui convient, jusqu'à la peine de mort dans les cas les plus graves, de même il peut poursuivre des coupables étrangers, et comme ceux-ci par leur condition même d'étrangers échappent à l'action ordinaire de ses lois, il a qualité pour les réduire à l'obéissance par le moyen de la guerre. Tel est le principe de l'école.

Il serait trop long de suivre ici dans ses détails la doctrine très remarquable que les canonistes nous ont léguée. Essayons de la résumer en quelques axiômes qui contiennent les traits les plus caractéristiques et le suc de leur enseignement.

Nous émettrons avec eux quatre propositions :

1° Le droit de faire la guerre ne peut appartenir qu'au souverain seul, et par souverain il faut entendre celui dont le pouvoir ne relève d'aucun supérieur et dont les actes ne peuvent être appréciés par aucune magistrature plus élevée que la sienne propre.

2° La guerre suppose une juste cause.

3° Elle ne doit frapper que les seuls coupables.

4° Le droit de guerre implique le droit d'infliger une peine et d'exiger des coupables la réparation des dommages qu'ils ont causés.

Tous ces principes sont, on doit le dire, pleins de sens.

1° Le premier, qui tend à réserver au seul souverain le droit de faire la guerre, est dirigé, nous le voyons clairement, contre les guerres privées.

A l'époque du moyen âge où cette doctrine s'est peu à peu formée, la guerre privée était un des fléaux de la chrétienté, et il n'était pas de petit seigneur qui, l'occasion aidant, ne prétendît revendiquer les armes à la main ce qu'il considérait comme son droit. De là la multitude des guerres du moyen âge, guerres assez peu sanglantes à la vérité et ne mettant aux prises qu'un petit nombre de combattants, mais fort nuisibles cependant et incompatibles avec tout ordre social. En accordant au souverain seul le droit de faire la guerre, les canonistes n'ont permis que les guerres de peuple à peuple et ont secondé par là la formation des grands Etats.

2° L'importance du premier principe s'efface et disparaît si l'on considère le second. Là est en effet le nœud de la doctrine canoniste, le ressort qui anime toute cette grande école.

La guerre, pour être faite d'une façon légitime, suppose une juste cause. L'Eglise distinguait en effet les guerres justes et les guerres injustes, les premières qui pouvaient être poursuivies sans manquer à la loi de Dieu; les secondes qui constituaient au contraire par elles-mêmes une faute grave et qui, d'après eux, ne conféraient absolument aucun droit à celui qui les avait entreprises.

Une seule guerre est donc permise, c'est la guerre juste. Mais quand la guerre est-elle juste ? La guerre n'est juste que lorsqu'elle intervient en vue de faire cesser et de venger la violation d'un droit; dès lors toute guerre qui ne tendrait pas à sanctionner un droit préexistant, droit supposé méconnu ou violé, est par là même une guerre injuste, la guerre qu'un chrétien ne doit pas faire. Et les auteurs de cette école allaient très loin dans cette voie, car nous les voyons décider que la guerre que l'on poursuivrait sans raison particulière contre les Sarrazins ou les Turcs serait une guerre injuste; il en serait de même de toute guerre faite soit pour augmenter les domaines de l'Etat, soit pour exalter la gloire du prince, soit pour quelque autre avantage de la même espèce. Il faut qu'il y ait eu violation d'un droit, et la guerre dans cette doctrine peut être définie le remède extrême que l'on emploie pour venger les droits violés. Elle appartient, comme les canonistes le disaient, à la justice vindicative.

Dans quels cas pouvait-on dire qu'il y avait droit violé ? Un premier cas tombe sous le sens; il ne serait pas plus contesté de nos jours qu'il ne l'était au temps où Suarez et Victoria écrivaient leurs livres : c'est le droit de défense de soi-même. Il est élémentaire qu'en présence d'un agresseur on a le droit de se défendre, à moins que cette agression ne soit occasionnée par une injure que l'on a soi-même commise; mais alors il ne faut point attendre d'être obligé par la force de réparer cette injure, et les voies du droit sont ouvertes au coupable de bonne foi qui reconnaît sa faute et qui est disposé à la réparer.

En dehors de la défense de soi-même qui est le cas le plus élémentaire et dont l'importance est encore plus grande que les canonistes ne le soupçonnaient, on range dans cette classe des causes justes de guerre le droit de reprendre une chose qui nous a été enlevée, et le droit de venger une injure commise à notre préjudice.

Le mot injure n'a pas ici le sens qu'il a pris dans le cours du langage et qui rapproche ce mot de celui d'insulte, il a son sens originaire et étymologique; *injuria*, un acte contraire au droit. Lors donc que quelque acte manifestement contraire au droit a été commis, on peut, si cela est nécessaire, user de la force des armes pour obliger l'auteur de cet acte à réparer l'injustice qu'il a commise.

N'allons pas plus loin sans remarquer le caractère pacifique de cette doctrine. Ce caractère est en vérité si marqué que l'on a quelque envie de penser que ce droit de faire la guerre est plus apparent que réel et que dans la vérité des choses les canonistes ont construit une théorie de la guerre telle qu'il n'y eût plus désormais presque aucune guerre. Non seulement en effet il faut une cause juste mais encore l'offense que l'on a subie doit être d'une nature particulièrement grave, car les auteurs nous disent avec beaucoup de sens et avec une intelligence remarquable des choses internationales que l'on ne pourrait pas approuver un souverain qui, pour une injure médiocre, se mettrait en campagne et déclarerait la guerre à son adversaire, parce que, disent-ils, il ne faut pas, en vue de la réparation d'un mal médiocre, occasionner un mal plus grand, cela est contraire aux intérêts généraux de l'humanité.

J'aime à répéter ces paroles qui nous font voir que les intérêts de la communauté internationale n'étaient point du tout absents de l'esprit des canonistes. Comment s'en étonnerait-on puisque c'est l'un d'entre eux, Suarez, qui nous a fourni la meilleure définition de la communauté internationale que nous possédions ? Du reste, pour qui a lu leurs ouvrages, il devient évident que presque aucune des idées qui sont encore admises actuellement sur notre sujet ne leur étaient étrangères.

Il faut donc une injure grave, et cela ne suffit pas encore ; pour peu que l'on ait le moindre doute touchant son droit ou sur la gravité de l'injure que l'on a subie, il faut soumettre ce doute non point à la nation elle-même — on ne tirerait pas de cette consultation des éclaircissements suffisants — mais au moins aux principaux de l'Etat, et ce n'est qu'après les avoir consultés et avoir recueilli leur opinion qu'un souverain sage et ami de la paix pourra se décider à la guerre. Encore ne s'y résoudra-t-il pas toujours, car les canonistes ajoutent qu'une guerre ne devra être entreprise qu'autant que l'on aura de bons motifs d'espérer qu'elle se terminera par un succès; ce serait un double mal de laisser une injure grave impunie et d'infliger au peuple la charge très lourde de la poursuite d'une guerre.

Sur ce point cependant la doctrine n'est pas absolue et elle enseigne que le droit de faire la guerre n'appartient pas seulement au plus fort contre son égal ou contre un plus faible, qu'il appartient également au plus faible, mais qu'il ne devra s'en servir que lorsque les circonstances seront telles qu'il puisse espérer que cette guerre aura pour son peuple et pour lui une issue heureuse. En tout autre cas, et lorsque ces conditions — nombreuses et lourdes comme on le voit — ne seront pas toutes remplies on ne doit pas recourir à la voie des armes pour réparer une injustice ou venger une injure. Si quelque conflit s'élève dont la solution importe, eh bien, c'est à des arbitres qu'on le remettra; la voie de l'arbitrage est la seule qui convient lorsque toutes ces conditions ne se trouvent pas présentes.

Ce n'est point encore tout, car d'après St-Thomas et toute son école, il faut que celui qui se résout à déclarer la guerre le fasse dans une intention droite, c'est-à-dire uniquement dans le but d'arriver à la réparation de l'injustice commise et sans se laisser dominer par quelque passion d'ambition ou de lucre. La guerre doit avoir pour objet la paix.

Que reste-t-il actuellement de cette exigence de la cause juste? Fort peu de chose, l'usage d'alléguer au début d'une guerre une violation du droit et voilà tout. Le plus souvent ce n'est qu'un pur prétexte et M. de Schoen a dû rougir le 3 août 1914 lorsqu'il est venu réciter sa fable des avions de Nuremberg.

3° La guerre ne doit être poursuivie que contre les coupables.

Il est évident en effet que lorsqu'on fait dériver le droit de guerre d'une sorte de juridiction criminelle que l'on exercerait contre les peuples étrangers, cette juridiction, comme toute vraie justice, ne doit atteindre que le seul coupable, c'est-à-dire le souverain auteur de l'injure qu'il s'agit de venger, et les principaux de la nation. Il fallait cependant tenir compte des faits, et cette idée, très juste dans son principe, très humaine à coup sûr de ne frapper que les coupables n'empêchait pas et n'a jamais empêché que les coups ne fussent dirigés contre tous ceux qui suivaient les coupables, même contre les simples soldats, quelle que fût leur ignorance des responsabilités que leurs chefs avaient pu encourir.

Mais s'il n'était pas susceptible d'une application rigoureuse, au moins ce grand principe de modération avait-il pour avantage de limiter singulièrement les maux qui résultent des hostilités. S'il est possible de considérer comme complices des coupables ceux qui servent sous leurs enseignes, il est impossible au contraire d'imputer cette même responsabilité à ceux qui ne prennent aux guerres aucune part, c'est-à-dire aux moines, aux prêtres, aux femmes, aux enfants, aux laboureurs, aux artisans, aux étrangers. Tous ceux-là doivent rester à l'abri des hostilités et l'immunité générale que l'on n'a jamais cessé de réclamer pour eux concordait, vous le voyez, avec la théorie juridique de la guerre en vogue dans l'école canoniste. Les biens de ces personnes devaient pareillement être respectés à moins de nécessité urgente.

On surprend ici une évolution de la doctrine canoniste qui, dans la définition de ceux contre qui la violence peut être employée, considère moins la culpabilité que le fait de porter les armes. C'est l'origine première de la distinction des combattants et des non combattants, et à ce titre ce point particulier de la doctrine canoniste est d'une grande importance.

De même, une fois la guerre finie, les maux qui peuvent être infligés à titre de peine pour les crimes commis ne devaient frapper que les seuls coupables, et ces personnes que nous venons de nommer, parce qu'elles étaient elles-mêmes innocentes et qu'on ne pouvait leur imputer aucune responsabilité dans les actes commis, devaient échapper aussi à toute répression.

Il y avait à cet égard certaines questions discutées entre les docteurs et qui n'ont pas cessé de l'être depuis : le point de savoir par exemple, si on pouvait mettre au pillage une ville prise d'assaut, suivant l'usage qui s'est conservé si longtemps parmi les belligérants. Les canonistes ne le contestaient pas absolument, mais ils voulaient que le pillage ne fût permis qu'en cas de nécessité seulement. C'est l'inverse exact de la doctrine allemande qui recommande de frapper de terreur le pays ennemi pour arriver plus tôt à la victoire et se vante d'arriver par là à adoucir la guerre. De même ils ne permettaient pas que l'on ruinât un pays ou que l'on dévastât une contrée si le bien à retirer de cet acte de guerre ne l'emportait pas de beaucoup sur le mal qui en était la conséquence immédiate.

Tels sont, d'après cette école, les droits qui appartiennent à celui qui fait une guerre juste.

Quant à son adversaire qui fait une guerre injuste — car on n'admettait pas dans ce temps, et l'on n'a admis que beaucoup plus tard, chez les derniers canonistes seulement, que la guerre pût être juste des deux côtés, — il n'avait aucune espèce de droit, et les actes de résistance même auxquels il se livrait devaient lui être imputés à faute et engendraient à sa charge de nouvelles responsabilités.

4° La matière des conséquences de la guerre a été très soigneusement traitée parmi les jurisconsultes de cette école. Ils enseignaient — et c'était la suite naturelle de l'idée de juridiction criminelle qui plane sur toute cette théorie — que l'auteur d'une guerre injuste peut être puni, et vous remarquerez que c'est par une réminiscence curieuse de cet ancien principe que le traité de Versailles (art. 227 et suiv.) a ordonné, mais sans effet, la punition des coupables de la guerre, de l'empereur allemand en particulier; nous verrons qu'il n'est pas à regretter que la promesse faite n'aît pas été tenue.

On peut donc punir les coupables, fût-ce de la peine de mort, leur châtiment devant être proportionné à la gravité de l'offense qu'ils ont commise.

On peut également prescrire des réparations et ces réparations peuvent aller, il n'est pas inutile de le dire à l'heure actuelle, jusqu'à l'occupation permanente des châteaux et forteresses de l'ennemi; également jusqu'à l'attribution de certains territoires qui, du vaincu, passent en la possession du vainqueur. Cette école n'avait pas omis non plus d'ajouter qu'il est loisible au vainqueur dont la cause est juste de prendre des précautions contre des attaques ultérieures et de s'efforcer de mettre son ennemi dans l'impossibilité de recommencer la lutte. Toutes les mesures qui peuvent être prises à cet effet sont des mesures légitimes, des conséquences du bon droit du vainqueur, encore un principe qu'il n'est point inutile de rappeler à l'heure actuelle. Ajoutons qu'à l'époque même où cette doctrine si cohérente et si amie de la paix se construisait, l'Eglise employait tous ses efforts à combattre le fléau de la guerre. Qui ne connaît la paix de Dieu et la trève de Dieu, ces deux institutions si anciennes — elles existaient au xe siècle — dont l'objet était de limiter le temps pendant lequel les hostilités étaient permises ; qui ne sait que les conciles ont vainement tenté de condamner l'usage des armes les plus meurtrières, qui ne se rapelle enfin que les papes ne craignaient pas d'envoyer leurs légats sur les champs de bataille pour tenter d'apaiser la fureur des combattants. Si ces nobles tentatives ont échoué, elles restent du moins l'honneur des temps et des hommes qui les ont osées.

Que faut-il dire de cette doctrine des canonistes ? On doit la qualifier, comme nous l'avons fait déjà, de doctrine extrêmement pacifique, car l'accumulation des précautions qu'elle prend montre suffisamment combien son esprit était opposé à la guerre. C'est aussi une doctrine absolument juridique et là est peut-être le caractère propre à nous intéresser davantage. Nulle part autant que chez les canonistes on ne trouve la préoccupation du droit introduite dans la guerre. La guerre n'est faite que parce que le droit a été violé, elle ne tend qu'à la restitution du droit, elle n'emploie que les moyens qui sont propres à obtenir ce résultat. — C'est une doctrine rigoureusement juridique, et nous ajouterons immédiatement : c'est une doctrine même trop juridique. Là est à nos yeux son principal défaut, car laissant la guerre sur le terrain du droit et l'envisageant comme une sorte d'extension du droit de juridiction criminelle, elle a construit un édifice qui ne correspond nullement aux besoins du monde. Doctrine supérieure, je le veux bien, mais aussi doctrine pas très utile car toute science sociale n'est utile qu'à proportion de l'influence qu'elle peut exercer sur la conduite des hommes. — En réalité la guerre n'a jamais eu le caractère juridique que les canonistes se sont plu à lui attribuer. Ce n'est pas pour des lésions de droit que l'on fait la guerre, c'est pour d'autres raisons. La guerre qui était peut-être juridique dans sa cause aux époques très anciennes, (telle par exemple la guerre de Troie), particulièrement au temps où dans chaque pays le territoire de l'Etat était considéré comme le patrimoine du souverain, la guerre a cessé depuis longtemps de revêtir ce caractère : elle est devenue politique, et il faut bien que ce soit là sa véritable nature car, ce caractère n'est pas douteux. Toutes les guerres ne sont pas faites par de malhonnêtes gens, on a eu de nombreux exemples de gens de bien qui ont cependant entrepris des guerres pour des motifs politiques qui ne laissaient pas à leur conduite d'autre issue que celle-là. Peut-être les canonistes se sont-ils laissés influencer en cela par les vieilles formules romaines que les auteurs nous ont léguées et qui mettaient en effet à la base de toute guerre une infraction au droit. C'est donc que la doctrine des canonistes n'a jamais pleinement correspondu et ne correspond actuellement plus du tout à ce qu'est réellement la guerre.

Mais avant de démontrer cette proposition, faisons voir le caractère peu pratique de cette doctrine, en indiquant les questions très graves qu'elle ne manque pas de susciter et qui n'ont pas encore reçu leur réponse :

1° pour que la guerre soit juridique il faut qu'elle ne soit jamais entreprise que pour venger une violation de droit. L'une de ces formules n'est pas autre chose que la paraphrase de l'autre. — Mais quand y a-t-il violation de droit ?

Pour que l'on puisse relever les violations de droit de nature à servir de cause légitime à la guerre, il faut d'abord que l'on connaisse les droits respectifs des nations. Ces droits, les connaît-on ? On les connaît très peu, très mal, très difficilement, ils sont encore enveloppés d'un brouillard que le temps et les efforts des savants n'ont pas dissipé, brouillard peut-être plus épais de nos jours qu'il ne fut jamais.

Lorsqu'on lit les copieux mémoires laissés par les conférences de La Haye de 1899 et de 1907, on voit certains de leurs membres demander avant tout que le droit des gens soit perfectionné et que les droits des Etats soient mieux définis. Ce désir se comprend très bien. — Malgré cette demande nous ne voyons pas que des progrès très grands aient été réalisés dans ce domaine; les dernières inventions qui ont été faites ne paraissent mériter véritablement aucun éloge et aucune confiance, et le même doute subsiste sur les cas dans lesquels le droit des Etats peut être dit avoir été violé. Les canonistes tiraient de cette indécision cette conséquence que puisqu'on ne connaît pas très bien les droits des Etats il faut s'abstenir de prendre les armes en défense de droit dont on n'est pas absolument certain. — Ce conseil est excellent, mais il y a bien peu de chance pour qu'il soit suivi.

2° Comment peut-on supposer que dans les cas qui, d'après la doctrine canoniste ne justifieraient pas une guerre, les souverains consentiront à s'en rapporter au jugement de tierces personnes, qu'ils consentiront à confier à des arbitres la décision de questions d'un haut intérêt pour leur peuple ? Cela est malaisé à admettre, et bien des souverains qui ne seraient point cependant des criminels hésiteraient beaucoup à le faire, croyant qu'il est de leur devoir de défendre jusqu'au bout ce qu'ils considèrent comme les droits de leur peuple et estimant que personne autre qu'eux-mêmes n'est fondé à s'immiscer dans le jugement de pareilles questions. A l'heure actuelle ce principe peut être dit élémentaire et indiscutable.

3° A quoi bon défendre, comme le fait la doctrine canoniste, aux principaux de l'Etat de suivre leur prince dans une guerre injuste ? Pareille défense n'a jamais servi de rien; elle serait contraire actuellement au droit public de toutes les nations civilisées, et non seulement les principaux de l'Etat comme les derniers d'entre les citoyens sont strictement obligés de suivre leur souverain dans la guerre que celui-ci croit nécessaire d'entreprendre, mais leur honneur leur commande de le faire et on qualifierait durement un chef qui, sous le prétexte que la cause de la guerre est injuste, s'abstiendrait de mettre ses armes à la disposition de sa patrie.

4° Comment enfin penser que celui qui soutient une cause injuste s'abstiendra de combattre? En vain lui dira-t-on qu'il n'a pas le droit de porter des coups à son adversaire, il négligera de pareils avis. Il est en guerre, il se défendra, et nous voyons ici le mauvais côté d'une doctrine semblable si jamais elle venait à se traduire exactement par les faits. L'auteur d'une guerre injuste n'étant pas qualifié à la protection du droit, n'accepterait pas non plus que le droit limitât d'aucune façon son activité malfaisante, et ainsi les règles très sages que les canonistes ont posées perdraient toute force à l'égard de celui des adversaires dont la cause est injuste, et qui n'ayant aucun droit ne voudrait se soumettre à aucun frein.

Malgré l'estime profonde que nous professons pour la doctrine des canonistes, et bien que l'édifice qu'ils ont élevé mérite une certaine admiration, nous ne pouvons pas adhérer à cette doctrine; elle ne correspond nullement à la réalité des faits. En raison la guerre n'est pas autre chose que le moyen de défense extrême qu'un Etat peut employer en présence des dangers qui le menacent. De cause juste de guerre il n'y a que celle-là, mais aussi celle-là doit-elle être prise dans son acception la plus large. Non seulement le droit de défense existe pour l'Etat lorsque, comme nous l'avons vu dans la dernière guerre, sans raison aucune, uniquement pour des motifs d'ambition et de basse cupidité, une nation se rue sur les nations ses voisines, mais encore et tout aussi bien dans les cas où la situation internationale devient telle qu'un peuple doit courir aux armes s'il ne veut pas s'exposer à perdre son indépendance. — C'est pour des motifs semblables que les guerres du dernier siècle ont été tentées. Je ne parle pas ici des guerres napoléoniennes qui furent des expéditions dues surtout à l'ambition du grand capitaine qui les commandait; mais la guerre de Crimée qui se termina par le Traité de Paris de 1856, avait été déclarée à la Russie sans violation précise de droit (les violations alléguées ne sont en pareil cas jamais que des prétextes), mais parce qu'il paraissait évident qu'à moins d'une intervention armée la Turquie serait à brève échéance la proie de sa trop puissante voisine. — La guerre de 1870, sur les origines de laquelle tant de trouble a été maintenu par les intéressés, a dû être déclarée par la France parce que la perspective de voir un Hohenzollern sur le trône d'Espagne équivalait pour nous à une perte prochaine de notre indépendance. — De même la guerre de la Russie dans les Balkans a été une guerre d'influence. De même la guerre russo-japonaise. Bref toutes les grandes expéditions qu'un passé encore voisin a vu se produire ont eu pour cause un certain résultat politique à obtenir ou un autre résultat politique à éviter.

Comment en cela démêler le juste de l'injuste ? Comment appliquer l'ancienne distinction chère aux canonistes ? Cela est difficile et cela est facile. Difficile parce que l'on ne peut pas dire à priori : telle catégorie de guerre sera juste, telle autre sera injuste. Les canonistes eux-mêmes étaient parfois très embarrassés, par exemple quand ils se demandaient si l'accroissement de la puissance d'un voisin peut fournir une cause légitime de guerre. Facile parce qu'il y a des moyens de savoir si dans un cas déterminé une menace existe, tellement pressante, tellement grave, que seule la force des armes peut l'écarter.

Lorsque ces questions viennent à mon esprit, un souvenir s'en empare que j'ai de la peine à chasser. Certainement si en 1866, au moment de la campagne de Sadowa, la France avait pris les armes contre la Prusse, on aurait pu dire que nous faisions une guerre injuste et les malédictions du monde se seraient abattues sur la France ; nous n'avions en effet alors aucune violation de droit à reprocher au royaume de Prusse, cependant l'évènement a prouvé que cette guerre était une guerre nécessaire, et faute de l'avoir faite nous avons subi les défaites de 1870 et souffert le démembrement de l'Alsace-Lorraine. Conçoit-on un cas de conscience plus embarrassant que celui-là ?

Je me résumerai en vous disant que toute guerre est à mon avis une mesure extrême de défense, mesure que l'on n'est autorisé à prendre que lorsqu'aucun autre moyen n'existe de protéger son indépendance, ressource qu'il faut employer et qui constitue un acte juste toutes les fois où la nécessité se présente pour une nation de se conserver.

Je n'hésite donc pas à me séparer sur ce point de la doctrine des canonistes mais je ne le ferai pas sans exprimer l'admiration que me cause une doctrine, aussi juste, aussi soucieuse de la paix, aussi pénétrée d'humanité.

TROISIÈME LEÇON

La doctrine de Grotius

On ne peut pas traiter du droit de la guerre sans consacrer une leçon aux doctrines qui nous ont été léguées par le célèbre jurisconsulte hollandais Grotius.

Grotius, qui naquit à Delft en 1583 et qui fut impliqué dans les querelles religieuses qui déchiraient les Pays-Bas à cette époque, fut obligé de se réfugier en France, et c'est dans les environs de Paris, habitant une campagne du président de Mesmes, qu'il composa le plus célèbre de ses nombreux ouvrages, les trois livres sur le droit de la guerre et de la paix.

Cet homme était d'une science universelle, et la plupart de ses ouvrages sont plutôt d'un théologien ; aucun d'eux n'a atteint la réputation de celui que nous venons de nommer, non pas que Grotius ait été le premier à traiter ces questions, nous savons bien le contraire, mais consacrant un ouvrage spécial à leur étude il mit cette étude en honneur et donna au droit des gens une actualité qui lui avait manqué jusque là.

Le titre du livre lui-même peut paraître étrange. Trois livres sur le droit de la guerre et de la paix ; Grotius y nomme ainsi la guerre avant la paix, quoique la paix soit l'état normal de l'humanité et que, comme le disaient justement les théologiens, la guerre ne doive jamais être faite qu'en vue de la paix. Ce titre est exact cependant car c'est bien le droit de la guerre que Grotius se propose d'établir, et s'il traite en même temps du droit de la paix c'est qu'il rentrait dans son plan de faire une étude attentive des causes de guerre et que pour cela les droits réciproques des nations devaient être élucidés.

Grotius doit-il quelque chose aux théologiens qui l'ont précédé ?

En réalité il leur doit beaucoup, et ce n'est pas sans quelque injustice que dans son discours préliminaire, (§ 38), il nomme un certain nombre de théologiens : Victoria, Henri de Gorcum,

Guillaume Mathieu, quelques autres encore, dont il dit assez dédaigneusement que ces auteurs ont dit très peu de chose sur un riche sujet, la plupart d'entre eux le traitant avec peu d'ordre et d'exactitude, brouillant et confondant tout. La sévérité de ce jugement est excessive, et nous le reprochons d'autant plus à l'illustre jurisconsulte de Delft qu'il s'est inspiré beaucoup de la doctrine des théologiens (il est allé parfois jusqu'à la copier) et qu'en réalité la part de nouveauté que l'on rencontre dans son ouvrage tient bien plus à la méthode qu'il a adoptée qu'aux solutions qu'il préconise.

Les théologiens enseignaient au nom de l'autorité de l'Eglise. Ainsi leur doctrine critiquable par d'autres côtés avait au moins cette qualité de posséder une base fixe et une autorité non douteuse. Grotius venant après la Réforme et appartenant lui-même, au moins dans la plus grande partie de sa vie, à la religion réformée, devait chercher à asseoir ses doctrines sur une autorité différente de celle de l'Eglise. C'est pour cela qu'il s'inspira surtout de ce qu'il appelle le droit naturel et ce n'est pas sans justice que l'on a appelé cet illustre savant le père de cette école du droit naturel, qui devait ensuite sous la plume de Pufendorf, de Burlamaqui, de Wolf, de Watel verser dans de très amples développements.

A son avis le droit des gens se compose du droit naturel et du droit volontaire, ce dernier ayant comme base les traités intervenus entre les nations et les coutumes qui s'implantent dans leur sein ; mais de ces deux sources le droit naturel était certes dans son esprit de beaucoup le plus considérable ; il était donc nécessaire de le bien définir.

Qu'est-ce que Grotius entend par le droit naturel ? Ses hésitations sur ce point sont grandes et il faut confesser qu'il n'arrive pas à satisfaire complètement l'esprit à cet égard. Grotius nous dit bien que les coutumes régnant entre les nations ne sont pas assez précises et les traités pas assez nombreux pour que l'on puisse fonder sur eux un système suffisamment complet des droits et des devoirs qui rattachent les peuples les uns aux autres. Le droit naturel est donc ce qui relie ces ilôts qui sont l'apport des traités et de la coutume, c'est le droit commun ; mais encore, qu'est-ce que ce droit commun

Pour Grotius, grand admirateur des anciens et possédant peut-être plus que personne au monde la connaissance de leurs ouvrages, le droit naturel était évidemment la *non scripta sed nata lex* de Cicéron, la loi que nous portons en nous et qui n'a pas besoin de promulgation pour faire sentir son autorité. Il croyait tellement à la puissance du droit naturel qu'il avance que Dieu lui-même ne pourrait rien changer au droit naturel existant entre les hommes, ce qui paraîtra sans doute exagéré, et que ce droit est quelque chose d'absolument immuable, autre proposition qui est le fruit d'une exagération tout aussi considérable.

Ce droit naturel serait « les principes de la droite raison qui nous font connaître qu'une action est honnête ou déshonnête, selon la convenance ou la disconvenance qu'elle a avec notre nature raisonnable ou sociable » ; ce n'est du reste pas le droit divin, le droit divin va plus loin que le droit naturel et rend parfois obligatoires des actes que le droit naturel à lui seul ne commanderait pas, comme de détruire une ville ou de décimer un peuple.

Cette définition que Grotius — et après lui tous les jurisconsultes de son école — nous a donnée du droit naturel était pour une partie exacte et pour une autre partie vicieuse. Elle était bonne en ce qu'elle plaçait le droit de la guerre sur un terrain sûr, le seul qui pût lui convenir à une époque où l'Eglise n'exerçait plus son magistère sur la communauté chrétienne tout entière ; bonne également en ce qu'elle fait dériver le droit d'un fait qui s'impose évidemment à toutes les nations, la seule existence de société humaine. Il est certain en effet que l'existence d'une société appelle un certain droit — *ubi societas ibi jus* — et que ce droit, dont on peut faire remonter la source au fait même de la société, est plus naturel à l'homme que celui qui dérive du simple consentement. Mais autre chose est de constater la nécessité d'un droit, ce que la raison nous montre clairement, autre chose d'en dégager les préceptes. C'est sur ce dernier point que la difficulté commence.

Cette remarque est surtout importante si on la transporte dans le droit actuel. On peut même observer qu'elle y acquiert une importance qu'elle ne pouvait pas avoir dans le livre de Grotius. Il est certain en effet que, jusqu'à la dernière guerre au moins, on a toujours considéré dans le monde moderne que la guerre ne détruit pas tout lien de droit entre les belligérants ; si ces liens sont singulièrement amincis, s'ils sont même prodigieusement relâchés, ils n'en existent pas moins et c'est précisément parce qu'ils existent encore que la notion du droit de la guerre est admissible entre les peuples.

Grotius, nous le verrons bientôt, était d'un autre avis, et la définition qu'il donne du droit naturel se trouve plus juste pour l'époque qui a suivi la sienne que pour celle à laquelle il appartenait ; mais le jurisconsulte allait certainement trop loin lorsqu'il proclamait l'immutabilité du droit naturel. Il est certain en effet qu'un droit qui a sa racine dans un certain état social perd sa valeur et est condamné à changer si cet état social vient à se modifier gravement. Non seulement la comparaison du droit des gens aux diverses époques de notre histoire suffit à nous éclairer sur ce point, mais à notre époque même nous voyons très clairement que le droit en usage entre des peuples de civilisation très différente ne ressemble que faiblement à celui qui unit des peuples placés sur un même niveau de civilisation et que par exemple, le monde civilisé s'est toujours arrogé vis-à-vis des peuples moins avancés des droits qu'il n'a jamais reconnus entre nations égales. C'est donc que le droit suit naturellement les fluctations de la société à laquelle il doit être appliqué et que le grand jurisconsulte hollandais a exagéré lorsqu'il a affirmé l'immutalité de ce droit naturel.

Mais ce n'est pas encore le plus grand défaut de la définition émise par Grotius ; son vice principal se trouve dans son imprécision. L'appréciation de la convenance ou de la disconvenance existant entre un certain principe de droit et la raison humaine est fort délicate. Il est possible que les avis diffèrent sur ce point, il est possible et même fréquent que la raison ne fournisse pas aux problèmes qui se posent dans la vie des nations les solutions qu'ils demanderaient. Ainsi Grotius soutient que le testament est de droit naturel (l. 4, ch. VI, § 14). Ce n'est au moins pas évident et plusieurs soutiendraient plutôt que le testament est contraire au droit naturel. Grotius et les auteurs de son école raisonnent en effet comme si l'homme possédait toujours dans sa raison une source inépuisable de solutions conformes à la justice. C'est demander beaucoup trop à la raison humaine, et si cette infaillibilité qu'il lui prête existait en réalité nous n'aurions pas besoin de construire des théories de droit, il suffirait de se rapporter à l'équité, au bon sens, et l'on serait sûr que les meilleures réponses seraient toujours données aux questions les plus embarrassantes. C'est plutôt dans le Décalogue que dans la raison que se trouve la source du droit naturel. Du reste, il faut bien ajouter que le jurisconsulte lui-même ne demeure pas toujours très fidèle à la définition qu'il avait donnée du droit naturel, il s'en écarte quelquefois. Ainsi il lui arrive, lorsqu'il veut justifier du droit appartenant à la communauté internationale sur certaines choses qui ne sont pas rigoureusement appropriées, comme le droit de naviguer sur les fleuves, de dire que ces choses doivent être considérées comme ayant été laissées en commun lors de l'établissement de la propriété, et dans ce sens comme on le voit, le droit naturel perdant son acception primitive équivaudrait au droit existant entre les hommes au moment où le premier pacte social s'est formé entre eux. Cela, on le voit, est tout-à-fait divinatoire et pousse à l'extrême cette imprécision que nous reprochions tout-à-l'heure à la notion du droit naturel.

Du reste le jurisconsulte n'adhère pas à la formule que les Romains donnaient de ce même droit lorsqu'ils voulaient que le droit naturel représentât, chose difficile à comprendre, une sorte de droit qui serait commun aux hommes et aux animaux. Il y a peut-être là une parcelle de vérité rien de plus. Mais en réalité, et quelle que soit la formule employée, pour Grotius le droit naturel était le droit qu'il tirait des opinions des écrivains de l'antiquité.

On peut dire, en effet, de ce savant homme qu'il a été la dupe de son extrême science. Personne, nous le remarquons, n'a probablement poussé aussi loin que lui la connaissance des auteurs anciens ; son annotateur, Barbyerac, homme d'une grande érudition, renonçait parfois à le suivre et à indiquer les sources auxquelles Grotius puisait ses perpétuelles citations.

Dès lors l'opinion de ces anciens qu'il révérait devint pour lui le droit naturel, et c'est en procédant ainsi que ce jurisconsulte a émis touchant la conduite de la guerre des doctrines infiniment plus rigoureuses que celles que nous trouvions sous la plume de ses prédécesseurs, tellement rigoureuses qu'il s'efforcera par tous moyens de les atténuer et de les mettre en rapport avec les mœurs plus douces de l'époque où il vivait.

Que vaut du reste le droit naturel comme base d'un droit international ? Que vaut-il en tant que source d'un droit de la guerre ? Peu de chose. On peut discuter à perte de vue sur ce qu'il contient, on peut prétendre qu'il a été altéré par la coutume, on peut alléguer qu'il doit plier devant la nécessité, on peut même refuser de s'y soumettre. Tout est permis, tout est possible avec un semblable principe.

La guerre est-elle permise, et dans quels cas peut-on la faire?

Sur ce point Grotius, quoi qu'il en dise, se montre le disciple attentif et respectueux des théologiens qui l'ont précédé ; il discute comme ils le faisaient eux-mêmes le point de savoir si la guerre est contraire ou conforme à la loi divine et lorsqu'il s'agit de déterminer les causes pour lesquelles on peut prendre les armes, ses leçons sont rigoureusement celles qu'il a puisées chez les canonistes.

Bien que la guerre considérée comme un acte de justice vindicative tienne chez lui moins de place que chez Victoria par exemple, il insiste cependant sur ce point que le droit de faire la guerre suppose essentiellement une violation du droit existant entre les nations et lorsqu'il s'agit de définir et de mesurer ces violations qui auront pour effet de rendre une guerre juste, ses formules ne sont autres que celles que nous avons rencontrées avant lui. C'est toujours le droit de se défendre, le droit de se faire restituer ce qui a été enlevé, le droit de venger une injure commise qui seuls sont considérés comme des raisons assez puissantes pour fonder la justice d'une guerre.

Et c'est précisément ce point de départ qui induisit le philosophe à déterminer quels sont les droits et les devoirs des nations et à nous donner un résumé du droit naturel tel qu'il le concevait.

Ici, il faut en convenir, l'œuvre de celui que l'on a appelé quelquefois le père du droit international manque de portée. Invinciblement de cette sphère très élevée et où nous aimerions à entendre parler seulement des droits et des devoirs des nations, le jurisconsulte nous ramène aux droits et aux devoirs des particuliers, et ce sont alors des sortes d'Institutes du droit naturel, parallèles aux Institutes de Justinien, que l'on trouve sous sa plume.

Ainsi, dans le chapitre qu'il consacre aux cas dans lesquels on peut attenter justement à la vie d'autrui, ce ne sont point du tout des griefs des nations qu'il nous entretient mais des maux que les particuliers peuvent souffrir ou de ceux qu'ils peuvent craindre de la part de leurs semblables, et par suite une très grande inégalité existe entre les diverses parties de son œuvre. Il y a chez lui un mélange perpétuel des droits des particuliers et des droits des souverains. Lorsqu'il nous parle de la guerre il met les nations en jeu et traite des intérêts, des droits et des devoirs des souverains et des peuples. Plus loin, étudiant les causes de la guerre, il nous ramène à une sorte de droit civil commun qu'il considère sur la foi des anciens comme particulièrement adapté à la nature de l'homme, mais qui est à peu près sans intérêt dans une matière où il venait nous parler non point des droits des individus mais des droits des nations. Il traite ainsi (l. II, ch. V) du mariage et de la puissance paternelle, du droit du maître sur son esclave, des successions (ch. VII, I, II), des droits du possesseur de bonne foi (ch. X, § 3). Aussi cette partie de l'œuvre de Grotius est-elle d'une moindre valeur, et chez Pufendorff qui lui a succédé, on peut dire qu'elle devient même d'une lecture très difficile, tant ce jurisconsulte allemand a mis de longueur à nous exposer une doctrine qui, prétendant être le droit de tout le monde, n'est en réalité le droit civil de personne.

Reprenons avec Grotius la manière de conduire les hostilités et les droits que peuvent avoir les belligérants les uns envers les autres. Cette partie — la troisième de son ouvrage — est en somme la plus intéressante au point de vue du développement du droit international; c'est là qu'éclate cette antinomie si frappante dans l'œuvre du juriconsulte. Ce n'est point un seul droit des gens qu'il nous expose, ce sont en réalité deux droits des gens différents. Il nous dit d'abord quels sont, d'après les principes, les droits réciproques des belligérants, et sur ce point il adopte une doctrine impitoyable. Les seuls précédents qu'il utilise sont ceux qu'il trouve chez les anciens. Loin de s'en excuser il s'en vante même quelque part, et alors sa théorie des droits des belligérants, très en retard sur celle des canonistes, présente toutes les rigueurs qui caractérisaient sur ce point les usages des Grecs ou des Romains.

Puis dans une seconde série de chapitres, sentant bien — car il était de son siècle, et avait une âme religieuse et pitoyable — que sa doctrine ne pouvait pas convenir, il traite de la façon de faire la guerre et des atténuations que les principes absolus qu'il a d'abord posés méritent de recevoir. Autant sa première doctrine est rigoureuse, autant la seconde est humaine. Ainsi, le jurisconsulte nous dit d'abord que dans une guerre les combattants sont autorisés à faire à leurs ennemis tout le mal possible et notamment à tuer indistinctement non seulement ceux qui portent les armes, mais la population entière de l'ennemi, y compris les femmes, les enfants, les étrangers, les prisonniers, les ôtages, toutes les personnes trouvées sur le territoire ennemi. Puis comme s'il était effrayé de ce droit barbare que son respect pour l'antiquité l'oblige à accueillir, il s'empresse d'y apporter un correctif, et après avoir enseigné le droit il passe à ce que la modération recommande. La modération est en faveur d'une doctrine beaucoup plus humaine, c'est précisément la doctrine des théologiens. On doit dans une guerre épargner les femmes, les enfants, les ministres du culte, les hommes de lettres, tous ceux que leur condition rend étrangers au métier des armes, comme les laboureurs, les marchands, les gens de lettres. Le jurisconsulte ne recommande pas d'une façon moins pressante d'épargner les prisonniers et les ôtages. Semblablement, d'après la doctrine tirée de l'antiquité, le droit de piller et de détruire tout ce que l'on rencontre en terre ennemie est absolu ; les choses sacrées elles-mêmes et les sépultures sont exposées à subir ces outrages. Les biens saisis chez l'ennemi deviennent la propriété du vainqueur; tout ce que l'on trouve sur ses vaisseaux doit être présumé lui appartenir. Mais ici encore la modération vient restreindre singulièrement ce que le droit rigoureux permet d'accomplir; un capitaine humain et consciencieux s'abstiendra de piller et de détruire toutes les fois où ces ravages ne seront pas nécessaires à l'obtention de la victoire, il respectera les arbres fruitiers, les animaux domestiques, les œuvres d'art, il respectera à plus forte raison les choses sacrées, les sépultures, il ne s'appropriera les biens de l'ennemi que dans la mesure du tort dont il demande réparation ou des dommages que la guerre a pu lui causer.

Le chapitre de la modération dont on doit user dans le droit de tuer les ennemis (l. III, ch. XI) est tout-à-fait curieux à cet égard. Ici apparaît la distinction entre la faute et le malheur. Il faut traiter différemment les auteurs de la guerre et ceux qui les ont suivis, ceux-ci étant évidemment moins coupables que ceux-là. Parmi les auteurs de la guerre, il faut encore mettre à part ceux qui ont agi pour des causes qui n'étaient point justes mais qui pouvaient éblouir des gens dont le cœur n'est point mauvais. Puis, comme il est souvent difficile de discerner une cause juste, on doit tenir compte de l'erreur et de la fragilité humaine. Et même si aucune de ces circonstances ne se rencontre, on doit user de bonté, de modération et de grandeur d'âme.

Après avoir soumis toutes les personnes à la même loi impitoyable, Grotius finit par conseiller de les épargner toutes.

Le trait dernier de cette doctrine et le plus étrange, est dans la condition des prisonniers, Grotius n'hésite pas à enseigner que le vainqueur est autorisé à réduire à l'esclavage les prisonniers de guerre qu'il ne tue pas, au moins que cela est légitime si l'on peut en espérer la réparation du préjudice causé. Du reste il avoue que cette coutume n'existe plus dans les guerres entre chrétiens et il conseille lui-même expressément d'y renoncer, et il écrit un chapitre bien superflu sur (l. III, ch. 14) la modération dont on doit user envers les prisonniers réduits en esclavage.

Les traits que nous venons de rapporter montrent l'étrange dualité que l'on rencontre dans la doctrine de Grotius. Quelques ménagements qu'il adopte dans l'application, l'idée première dont dérive sa théorie est bien qu'entre ennemis aucun droit n'existe, idée qu'il ne pousse pas jusqu'à ses dernières limites cependant, car nous le voyons ailleurs enseigner que l'on est obligé de tenir la promesse que l'on a faite à son ennemi, à moins que la guerre ne soit conduite contre des brigands ou des pirates, ou qu'il ne s'agisse d'une guerre civile. De même lorsqu'il s'agit des mauvais traitements qu'il est permis de faire subir à un ennemi, il ne va pas jusqu'au bout de son principe et n'admet pas par exemple que la vertu des femmes ne soit pas respectée.

Ainsi, même dans cette théorie rigoureuse qu'il emprunte aux anciens, le jurisconsulte montre cependant son adhésion à certains principes de droit qu'il est obligé de considérer comme subsistant au cours des hostilités. Du reste lorsqu'il se place au point de vue de la modération qu'un chrétien devra garder dans la guerre, ces liens de droit se multiplient singulièrement, et la doctrine du jurisconsulte n'est pas sensiblement différente de celle des théologiens qui l'ont précédé. On remarquera cependant qu'on ne trouve pas dans Grotius ce qui faisait le fondement de l'école des canonistes, cette idée que le droit de faire la guerre n'est pas autre chose que l'extension à des étrangers du droit de juridiction criminelle que le souverain peut exercer par rapport à ses nationaux. Si cette idée elle-même n'a pas disparu complètement des préoccupations du jurisconsulte, il est sûr toutefois qu'elle ne tient plus chez lui la place tout-à-fait centrale qu'elle avait dans les ouvrages de la période précédente.

Cette doctrine, qui a valu à son auteur une juste réputation — car on sait que son livre eut au XVIIe et au XVIIIe siècles un nombre d'éditions très considérable et qu'aucun autre livre de cette sorte peut-être ne dépassera jamais — eut certainement un bon effet : celui d'attirer l'attention sur les problèmes de notre science, de les rendre plus familiers à l'élite des esprits et par conséquent d'augmenter les chances que le droit de la guerre pouvait avoir d'être observé. Mais elle avait aussi son danger. Malgré toutes les recommandations faites par Grotius en faveur de pratiques plus humaines, il ne pouvait pas éviter de dire que le droit était d'une rigueur absolue et dès lors, transportée dans le domaine de la pratique, cette doctrine avait cette conséquence que l'on pouvait faire la guerre sans garder aucun ménagement à l'égard de son adversaire, cette barbarie n'étant pas positivement condamnée par le droit. Les atténuations que recommandait le jurisconsulte étaient plutôt des actes de vertu jugés très souhaitables que des revendications exercées au nom de la justice.

Juridiquement la doctrine de Grotius, quelque remarquable qu'elle ait été, est certainement beaucoup moins forte que la doctrine des théologiens, mais elle eut ce mérite d'être plus sociable et de transporter la guerre sur un terrain qui lui appartient mieux : celui de la solution des conflits entre peuples et non pas celui de l'exercice d'une sorte de juridiction criminelle à laquelle à la vérité la guerre ne ressemble nullement.

QUATRIÈME LEÇON

Les successeurs de Grotius

L'influence exercée par Grotius et, indirectement, aussi par les canonistes dont Grotius lui-même s'était inspiré, fut extrêmement durable. Nous trouvons dans les auteurs nombreux qui étudièrent le droit de la guerre durant la période allant du commencement du XVIIe siècle à la Révolution française des traces continuelles de la doctrine antérieure et une similitude de méthode qui se maintint jusqu'au début du XIXe siècle.

A la vérité tout n'est pas resté intact et le lien établi d'abord entre le droit de la guerre et le droit de juridiction criminelle a disparu rapidement. On n'en rencontre plus de traces chez les auteurs récents, même nous observons que l'un d'entre eux, Georges Frédéric Martens, dit expressément que le droit de faire la guerre n'est nullement semblable au droit de punir; mais presque tous ces auteurs gardèrent l'habitude de fonder sur le droit naturel leur enseignement. Le principal d'entre eux est incontestablement Vattel.

Vattel est un nom qui a survécu jusqu'à nous; comme publiciste il exerça sans doute une influence considérable sur la doctrine moderne. Il est clair, facile, s'abstient de mêler le droit privé au droit public, mais par contre insiste volontiers sur le droit public intérieur de l'Etat. Cependant, à tout considérer, Vattel ne méritait pas un pareil succès. Son œuvre est faible et peu cohérente, assez lâche également et l'on a observé avec raison qu'il n'est guère d'excès qui ne puisse trouver dans le livre du jurisconsulte de Neuchâtel un semblant de justification.

Son premier principe est que toute nation doit contribuer au bonheur et à la perfection des autres, ce qui est déjà bien douteux (Chapitre préliminaire, § 13); mais il ajoute immédiatement (§ 14) que ce devoir général des nations ne doit être exercé qu'autant qu'il ne nuira pas au peuple appelé à s'en acquitter. Le droit naturel est le lien qui unit les nations entre elles. Qu'est-il pour Vattel? Il aurait, d'après cet auteur, sa base dans la liberté initiale appartenant aux nations. Les nations sont libres, dit-il, parce que l'homme lui-même naît libre. De là vient pour chaque Etat le droit d'avoir (affirmation très risquée) une conduite indépendante de toute influence extérieure, et notamment le droit de déterminer librement la direction qu'il donnera à ses affaires. — De même (§ 16), les nations sont égales entre elles et aucune ne possède de droit qui n'appartienne pas tout aussi bien aux autres. — Du reste la limite que l'on peut poser à la liberté des nations est dans l'obligation qui pèse sur elles d'observer les lois de la société, lois que la nature a elle-même élablies entre elles. Dès lors, la loi fondamentale du droit naturel serait le respect de la liberté d'autrui.

On remarquera la faiblesse notable de ce raisonnement. Lorsque les canonistes posaient les principes de leur doctrine, ils parlaient en interprètes de la volonté de Dieu et au nom de l'autorité de l'Eglise. Grotius lui-même plus tard invoquait l'ascendant de la raison, et la considérant comme un réservoir inépuisable de règles de conduite, pouvait, quoique avec moins de force, demander aux nations de se plier dans leur gouvernement à l'autorité de ses règles. Mais ici toute autorité cesse, au moins elle se réduit à cette part infime qui découle fatalement de l'existence d'un lien social, et sous la plume de Vattel le droit international, soit de la paix, soit de la guerre, devient une pure affaire de consentement personnel, de suggestions d'humanité ou d'honneur indéfiniment variables avec les individus. En réalité, à partir de cette époque, toute base rationnelle du droit international et en particulier toute base du droit de la guerre a fait défaut chez les auteurs. Ceux-ci reconnaissaient à chaque Etat le droit d'apprécier comme il convient ses devoirs, faute d'un supérieur commun qui les lui dictât, et ce droit qui devait relier les nations entre elles ne trouvait plus de source à laquelle puiser une autorité indépendante de la volonté de ceux qui doivent obéir.

Plus loin, dans le développement de son ouvrage, au l. III, § 25 et suivants, le même Vattel est amené à nous parler des causes de la guerre, et sur ce point sa doctrine est encore celle des théologiens. Pour qu'une guerre soit juste il faut qu'une injure ait été commise, c'est-à-dire qu'une atteinte ait été portée à des droits parfaits, et l'existence de cette injure amène naturellement dans la doctrine de Vattel comme dans la doctrine antérieure le droit d'exiger une réparation et le droit de faire subir une punition à l'offenseur.

L'analogie est sur un point très complète, car nous voyons le jurisconsulte consacrer toute une série de développements à ce qu'il appelle le motif honnête qui doit exister dans toute guerre. Or il n'est pas besoin d'une vue perçante pour discerner que le motif honnête de la guerre dans Vattel n'est pas autre chose que cette intention droite que les théologiens exigeaient de celui qui se résolvait à prendre les armes. Mais ici encore la doctrine du professeur de Neuchâtel est singulièrement plus vacillante que celle de ses prédécesseurs, car après avoir posé des principes assez nets et solides en apparence, vite il les atténue, il se retire, et finalement (§ 40) il vient nous dire qu'il suffit qu'il y ait un doute quelconque sur la justice de la cause de la guerre et que les adversaires puissent être considérés comme de bonne foi, pour que la guerre soit juste et pour que le recours aux armes doive être approuvé. C'est ainsi qu'il traite la question célèbre de savoir si en présence d'une nation qui accroit sa puissance, une nation voisine prise d'inquiétude, peut prendre les armes, et nous le voyons, après avoir opposé à cette question une réponse négative, faire retraite, biaiser, et finir par autoriser ce qu'il avait d'abord condamné.

Il n'en est pas autrement de la doctrine présentée par ce même jurisconsulte sur les actes permis pendant la guerre ; et ici encore, si l'on regarde de près, on voit que cet homme en apparence très humain autorise tous les excès qui depuis ont été considérés par l'opinion unanime comme absolument blâmables. Vattel était un sujet du roi de Prusse.

Une remarque peut même être faite ici qui présente un certain intérêt. La manière de Vattel est exactement à l'opposé de celle de Grotius. Nous avons vu précédemment que Grotius, par respect pour les anciens, croit devoir donner son adhésion à des doctrines extrêmement dures, mais qu'immédiatement sa conscience de chrétien proteste contre ces rigueurs, et qu'il essaie par tous les moyens de reprendre ce qu'il a concédé, finissant par émettre une doctrine aussi modérée et humaine que la première avait été cruelle et absolue. De Vattel on peut dire le contraire. Son premier mouvement, et le principe qui l'exprime sont toujours d'une grande humanité, mais il a coutume de l'entourer de réserves, d'exceptions et de conditions qui en compromettent singulièrement la vigueur et qui vont le plus souvent jusqu'à effacer totalement la valeur du principe de raison ou d'humanité qu'il avait d'abord formulé. Ainsi en est-il dans les questions les plus douteuses.

On se demandait quelquefois si un commandant qui refuse de rendre une place peut être puni de mort. Vattel le conteste absolument, cependant il ajoute que si la défense a été absolument opiniâtre, si cette défense au point de vue de la conduite générale de la guerre pouvait passer pour inutile, alors le commandant est coupable et pourra justement subir la peine dont on le menace. On voit clairement combien le salut de ce brave commandant est peu garanti dans une pareille doctrine (§ 143).

Plus loin (§ 148) nous le voyons permettre de faire prisonniers les femmes et les enfants dans différents cas, notamment lorsqu'il s'agit d'affaiblir l'ennemi. C'était autoriser d'avance les scandaleux enlèvements dont les femmes et les jeunes filles du Nord de la France ont été les victimes. De même encore il permet à un assiégeant de s'opposer à ce que dans la ville qui l'entoure les bouches inutiles soient évacuées. Cette solution paraîtra à bon droit fort sévère.

Enfin (§ 151), après avoir décidé d'une façon générale qu'il faut épargner les prisonniers et que celui qui les a capturés n'a aucun droit sur leur vie, il finit par permettre de les faire périr dans les cas où l'on ne peut pas les garder.

Cela est bien le signe d'une théorie en apparence humaine et en réalité fort incertaine, et si de la condition des personnes nous passons à celle des biens, nous voyons la même impression se préciser et s'accentuer encore. Lorsqu'il s'agit des dégâts que l'on fait chez l'ennemi, Vattel adhère sans réserve à ces mesures de guerre par cette raison que l'on peut bien faire chez l'ennemi ce que l'ennemi lui-même peut faire sur son propre territoire et que, parce qu'il y a eu des souverains qui, devant les troupes ennemies, ont ravagé leurs propres terres, l'adversaire peut, lorsque son intérêt l'exige, imiter ce précédent et user du même droit. Comment alors nous étonner que les armées allemandes aient ravagé une partie de la Belgique et le nord de la France pendant leur occupation ?

On a coutume de dire qu'après Grotius l'école qu'il avait fondée s'est séparée en deux branches, une seule représentant l'école du droit naturel dont précisément Vattel est le principal interprète avec Pufendorff ; l'autre, plus positive et basant ses doctrines sur les faits bien plus que sur les idées.

Je ne crois pas que cette répartition soit exacte, car je remarque qu'au nombre des jurisconsultes de cette seconde école que l'on appelle volontiers positive, on compte Klüber et Georges Frédéric de Martens. Or dans l'un comme dans l'autre de ces auteurs nous trouvons le même appel au droit naturel, la distinction des guerres justes et des guerres injustes, et au sujet des causes de la guerre, cette exigence d'une lésion de droit qui était l'essence de la théorie canoniste ; c'est donc qu'il n'y a pas une grande différence entre ces derniers représentants de la science ancienne et les maîtres de leur école. Seulement il faut bien noter que plus on avance et plus la notion de droit naturel perd en précision. On n'a jamais bien su en réalité ce que représentait cette notion, j'ai essayé de vous le faire voir ; à la fin du XVIIIe siècle on ne le sait plus du tout.

Pour Martens comme pour Vattel ce serait le droit qui appartient à chaque Etat de voir sa liberté respectée ; pour Klüber ce serait plutôt le droit qui appartient à l'homme dans l'état de nature ; toutes formules assez vides et qui devaient servir à jeter sur cette conception du droit naturel le discrédit qui l'a frappée depuis.

Pour ces auteurs encore la cause d'une guerre juste réside dans une atteinte portée à l'indépendance des nations et l'exigence d'une violation de droits acquis se retrouve sous leur plume.

Dans cette longue série de jurisconsultes, un seul nom doit être mis à part comme représentant une doctrine toute différente, c'est celui de Bynkershoek.

Bynkershoek procède, on peut le dire, d'idées tout-à-fait

positives, presque monstrueuses à la vérité à force d'être positives. Il démêle parfaitement les mobiles qui font agir les souverains, il parle avec dureté de la raison d'Etat, il sait que les traités ne sont pas intangibles, et quant à la guerre elle-même il estime que tout est permis à la guerre, la seule perfidie exceptée et que si l'on peut espérer pendant le cours des hostilités quelques ménagements, ces ménagements sont dûs à un accès de générosité et non point au respect d'un principe de droit. Or, note-t-il, nous ne devons pas la générosité à nos ennemis. C'est lui qui représente le vaincu comme un coupable qui se trouve à la discrétion de son adversaire, et cette reviviscence de l'idée de culpabilité est chose fort notable sous la plume d'un jurisconsulte aussi éloigné des canonistes; c'est un coupable contre lequel tout châtiment est légitime, et alors on ne rencontre plus ni cette idée que le châtiment doit être proportionné à la faute, ni l'idée si voisine de réparation, ni ce grand principe que la guerre n'est bonne qu'en tant qu'elle conduit à la paix.

Bynkershoek est l'apologiste de la force. Tout ce qu'une force supérieure peut faire il l'admet, ou au moins il paraît l'admettre. Avec cela il faut noter que ce jurisconsulte, dont l'œuvre est très intéressante, a pris exclusivement des exemples dans les faits les plus récents et que cette doctrine, toute dure qu'elle était, ne pouvait pas manquer d'exercer à ce titre une influence fort sérieuse. Elle n'est malheureusement que trop rapprochée de la pratique.

En résumé, de doctrines nouvelles, nous n'en trouvons pas dans notre ancien droit. Peu à peu l'autorité des grandes doctrines s'affaiblit et tend à disparaître; peu à peu naît cet état que nous avons décrit tout-à-l'heure, l'anéantissement de toute théorie véritablement juridique relative à la guerre. Désormais — car on peut parler ici pour le XIXe siècle — la modération que l'on conseillera dans l'exercice des hostilités dépendra de l'appréciation de chacun, des sentiments d'humanité, de justice ou d'honneur que l'on pourra trouver chez des adversaires mais sans que l'on soit capable de tracer des lignes fixes et de formuler, au nom de quelque autorité dont la compétence soit reconnue, une série de commandements auxquels les adversaires doivent obtempérer.

La période dont nous parlons est peut-être plus remarquable par les faits internationaux qu'elle a vus que par les doctrines à l'éclosion desquelles elle a assisté : c'est la période des traités de Westphalie. On sait quelle influence ils ont exercée sur le monde, particulièrement sur le monde allemand. Ils ne sont pas à l'aurore du droit des gens et il y a une grande exagération à le dire, mais ils ouvrent l'une de ses périodes les plus dignes d'intérêt.

En ce qui concerne proprement le droit, vous avez de grandes raisons de vous rappeler que c'est par les traités de Westphalie qu'a été décidée la fermeture de l'Escaut et que cette fermeture a réduit rapidement Anvers, qui était déjà une ville florissante, aux proportions d'un simple village.

C'est aussi dans ces traités de Westphalie qu'ont été faites les premières sécularisations, car les ambitions des princes que l'on ne pouvait pas contenter autrement furent satisfaites par des prélèvements opérés sur les domaines des souverainetés ecclésiastiques. Il y eut même à ce sujet une protestation du nonce du Pape. Nous en avons déjà souligné la gravité.

C'est aussi aux traités de Westphalie qu'on peut faire remonter le commencement de la ruine de l'empire romain allemand. L'égalité établie entre les Etats protestants et les Etats catholiques de l'Empire ne permettait plus à l'empereur de faire sentir sur les princes, ses sujets, une autorité suffisante; depuis, ce semblant d'autorité alla toujours déclinant; l'empire devait encore durer un siècle et demi; après quoi il disparut.

Cette période est également celle du traité d'Utrecht. On rapporte au traité d'Utrecht l'adoption du principe d'équilibre dans les relations internationales. A la vérité cela n'est pas non plus bien juste, et lorsqu'on étudie l'histoire du monde on voit qu'à toutes les époques, et jusque chez les Grecs, on s'est préoccupé de maintenir entre communautés indépendantes l'équilibre dans lequel on apercevait, non sans raison, une des meilleures garanties de paix que l'on puisse posséder.

Il est cependant intéressant de noter que l'idée d'équilibre figure en toutes lettres dans les traités d'Utrecht et que dès lors la recherche de cet équilibre fut la constante préoccupation des hommes d'Etat. C'est aux traités d'Utrecht que remonte également la séparation des couronnes de France et d'Espagne, séparation qui devint depuis l'un des axiômes de la politique européenne. C'est encore aux traités d'Utrecht qu'il faut reporter l'origine de la politique de la barrière, politique qui consistait à semer sur les frontières de la France un certain nombre de forteresses bien occupées pour s'opposer le cas échéant aux ambitions que l'on supposait encore à notre pays. La politique de la barrière a été l'origine de la neutralité belge et c'est en ce sens qu'elle intéresse directement l'histoire de votre pays.

Enfin la même période a vu un acte international justement célèbre : la déclaration de la neutralité armée de 1780. — Vous savez que par cette déclaration, rédigée sur l'initiative de l'impératrice de Russie, Catherine II, initiative très secondée par la diplomatie de Vergennes, les puissances maritimes ont tâché de mettre une limite à la conduite arbitraire de l'Angleterre, particulièrement en temps de guerre ; bien qu'elle n'ait pas produit tout l'effet que l'on en attendait, cette déclaration ne doit pas être oubliée. C'est l'exemple unique d'une réunion de Puissances décrétant la cessation de certains abus dans la conduite de la guerre et se disant résolues à user de leurs forces pour obtenir cette cessation.

Je mentionnerai parmi les faits internationaux très importants la déclaration d'indépendance des Etats-Unis qui remonte à la même époque, et aussi — car cela touche directement le droit de la guerre—l'habitude qui fut prise par les négociateurs de traités et en particulier par les négociateurs de traités de commerce, d'insérer dans le corps de ces actes certains principes de droit de la guerre; la théorie de la contrebande de guerre par exemple a commencé à se former par les énumérations que l'on trouve dans les clauses des traités de commerce.

Mais il faut quitter ces choses, car un autre sujet nous appelle; la période qui va de la fin du XVIe à la fin du XVIIIe siècle présente pour nous ce grand intérêt d'avoir vu l'éclosion des théories pacifistes les plus célèbres. C'est en effet à cette époque surtout que certains politiques, plus épris de théories vaines que de réalités, ont cru pouvoir arriver par leurs combinaisons à détruire les guerres et à doter l'humanité des bienfaits d'une paix perpétuelle. Nous ne rappellerons ici que les plus grands projets, ceux qui ont conquis une célébrité véritable. Le premier est le projet d'Henri IV et de son ministre Sully. C'est celui-là surtout que l'on a appelé le grand projet; il ne tendait à rien moins qu'à diviser l'Europe en un certain nombre de souverainetés d'égale importance, et sa vertu reposait sur cette idée que ces souverainetés, égales en force, se balanceraient exactement et que dès lors aucune d'elles ne pourrait jamais ouvrir les hostilités contre une autre avec quelque chance de succès.

J'ai toujours, pour ma part, considéré qu'il y avait là plutôt une fantaisie de l'esprit du grand roi qu'était Henri IV, qu'un projet véritable et sérieux, car un détail m'a frappé : c'est que les divers remaniements que supposait cette nouvelle constitution de l'Europe — et ils étaient considérables — étaient tous opérés au détriment de la maison d'Autriche. On dit que ces idées eurent l'approbation de la reine Elisabeth d'Angleterre, mais certainement elles n'étaient pas acceptables pour l'empire et on ne peut pas penser que des esprits aussi avisés que ceux de Henri IV et de son ministre Sully aient pu jamais croire à la réalisation de transformations de ce genre.

Le plus célèbre parmi ces essais est celui de l'abbé de Saint Pierre, et lorsqu'on parle de l'abbé de St-Pierre il faut bien s'empresser de dire que celui-là au moins était un pacifiste convaincu et désintéressé, tellement convaincu qu'il ne s'expliqua jamais pourquoi les monarques de l'Europe n'avaient pas pris en grande considération les idées par lui émises, et que jugeant dans sa simplicité que c'était peut-être parce que la lecture de son livre était trop laborieuse — et elle l'est en effet — il le réduisit progressivement, espérant ainsi augmenter sa force au fur et à mesure qu'il réduisait son format.

L'abbé de St-Pierre voulait établir entre les nations une république européenne. Il explique avec grand renfort de détails comment cette république devra fonctionner. Un Sénat, qui devait siéger à Utrecht régirait la communauté; il émettrait des ordonnances et aurait la force de les faire exécuter contre les Etats récalcitrants. Du reste ce projet, dont voilà l'essentiel, était entouré de quantité de précautions accessoires. On y voit des articles préliminaires et des articles définitifs, des articles principaux et des articles secondaires; des objections y sont prévues et réfutées par dizaines. L'abbé de St-Pierre voulait persuader aux rois qu'ils seraient beaucoup plus sûrs de leur pouvoir par l'adoption de son projet, et cela en effet pouvait se soutenir en supposant que ce projet fût effectivement sanctionné; mais il voulait prouver plus et prétendait persuader à ses lecteurs que les monarques seraient beaucoup plus libres une fois soumis à son Sénat dirigeant qu'ils ne l'étaient dans le présent état de choses. Cela évidemment était plus dur à faire entendre, et plutôt que cette liberté les souverains ont préféré l'état d'incertitude où ils étaient plongés.

Un grand nombre d'esprits, et parmi les plus considérables, se sont essayés à ce genre. J.-J. Rousseau a commenté le projet de l'abbé de St-Pierre. Leibnitz a beaucoup espéré d'une sorte d'alliance de la Papauté et de l'empire. Bentham, et après lui Kant, ont exprimé des idées dont le souvenir n'est pas entièrement effacé.

Bentham prêchait à sa patrie le désarmement maritime. Il jugeait — idée bizarre chez un anglais et surtout à la veille des guerres de la Révolution et de l'empire — que la possession d'une marine militaire était une charge inutile et que l'Angleterre n'avait rien de mieux à faire que de rompre le lien qui l'attachait à ses colonies. C'était le désarmement qu'il poursuivait puis, accessoirement, l'organisation d'une sorte de juridiction arbitrale entre les nations. Mais ces idées étaient-elles chez lui bien sérieuses? Il est permis d'en douter car par un trait qui pourrait être assez justement appelé un trait d'humour britannique, Bentham dit quelque part que si l'Angleterre tarde trop à opérer le désarmement qui lui serait si avantageux, la France elle, pourrait commencer et lui donner l'exemple.

Le projet de Kant a eu plus de retentissement, et l'on a noté avec finesse que la plupart des idées qui ont triomphé à la Conférence de la paix sont empruntées à l'opuscule que Kant a consacré à la paix perpétuelle.

Kant, qui n'avait pas lui-même une très grande confiance dans le succès de ses idées — le ton qu'il adopte dans cet opuscule le prouve abondamment — voulait cependant que les affaires des Etats, au lieu de se décider par la guerre, fussent soumises à une juridiction qu'ils auraient établie. Cela n'a rien de bien nouveau, chaque pacifiste a eu sa juridiction, chacun d'entre eux a prétendu inaugurer quelque système nouveau d'arbitrage, mais ce qu'il y a de particulier dans le philosophe allemand, ce sont certaines de ses conceptions. Il pensait ainsi que la pierre de touche de la légitimité des prétentions des nations était la possibilité de leur publication ; c'était une façon nouvelle de séparer les guerres justes des guerres injustes. Toute prétention qui peut être publiée est juste, celle au contraire qui doit rester dans l'ombre est injuste. De là venait normalement la condamnation de la diplomatie secrète, utopie qui a fait couler beaucoup d'encre à notre époque.

Puis par une autre idée que l'on ne peut point dire épuisée encore, et dont on ne peut pas attendre non plus de bons résultats, le philosophe de Koenigsberg prétendait attendre la pacification du monde de l'orientation des gouvernements dans un sens démocratique, disant que les démocrates sont nécessairement pacifiques et que par conséquent lorsqu'il n'y aura plus dans le monde civilisé que des démocrates, naturellement le monde civilisé jouira d'une paix profonde. L'idée du philosophe n'était pas de constituer un sur-Etat auquel chacun devrait obéissance, mais de former entre Etats une confédération permanente.

Cette doctrine a présentement encore une forte prise sur les esprits ; nous la croyons aussi peu fondée que toutes celles qui ont passé successivement dans l'esprit fertile des pacifistes. Rien ne nous prouve que les démocrates soient pacifiques, on en a connu de fort belliqueux au contraire, et sans remonter jusqu'aux Grecs, les souvenirs de la république des Pays-Bas sont là pour justifier cette impression.

Puis il ne suffit pas d'être pacifique, il faut encore pouvoir à l'occasion se défendre, et si Kant, comme il paraît, comptait sur le pacifisme des démocraties parce qu'il les jugeait incapables d'assurer d'une façon satisfaisante leur défense, il les exposait par là même à devenir la proie des voisins avides et peu scrupuleux.

Les idées du grand philosophe étaient donc très peu fondées et c'est un véritable regret pour nous de voir que ces idées qui devraient être ensevelies dans le passé et former simplement un trait intéressant dans l'histoire des doctrines internationales, sont encore en crédit aujourd'hui et que beaucoup en attendent la réalisation de leurs songes de paix perpétuelle.

CINQUIÈME LEÇON

Le XIXe siècle. — Les conférences de La Haye

Si l'on jette un coup d'œil sur les progrès du droit de la guerre dans le cours du XIXe siècle, on voit de suite que ce siècle s'est moins préoccupé des idées générales et philosophiques, mais a consacré ses efforts à l'obtention de quelques résultats pratiques.

Au XIXe siècle la théorie du droit de la nature envisagé comme source du droit international, et tout particulièrement du droit de la guerre, a fait son temps. On ne la retrouve plus sous la plume des jurisconsultes, et les développements qu'ils consacrent à leurs doctrines sont présentés par eux plutôt comme des principes qui n'ont pas besoin d'une base juridique distincte, découlant directement des sentiments d'honneur, d'humanité et de raison qui doivent animer les peuples. Le droit en effet, à cette époque récente, s'est transformé et il semble véritablement — ce fut la grande erreur des jurisconsultes — qu'il suffise d'émettre des propositions humanitaires pour concevoir l'assurance de les voir passer dans la pratique des guerres entre nations. Cela malheureusement est d'une grande légèreté. On oublie trop souvent, lorsqu'on traite de ces questions en droit international — et je commencerai tout le premier par me frapper la poitrine — on oublie qu'une nation ne fait la guerre que pour vaincre, que pour arriver à la victoire il faut se battre et que la première des lois de la guerre est la liberté de combattre son ennemi.

L'école anglo-américaine cependant nous fournit au point de vue des principes un rapprochement intéressant entre le droit naturel et le droit positif. Phillimore spécialement fait une large place au droit naturel considéré par lui comme cette part de la loi divine qui s'inscrit dans la conscience de l'homme. Il repousse les principes de Bynkershoek et en même temps ceux de Hobbes qui voit dans l'état de nature un état d'absence de droit et de Hume qui n'a qu'un principe, l'utilité. Mais il fait la raison juge de la part de droit naturel qui peut être acceptée dans les rapports des peuples et lui enjoint de suivre surtout le droit romain, la coutume, les traités, le sentiment des auteurs.

Le soigneux Wheaton définit le droit des gens celui que la raison déduit de l'existence de la société internationale avec obligation de tenir compte des modifications que la pratique lui a fait subir. Pour Travers Twiss le droit naturel est le droit de la société naturelle. Sumner Maine considère le droit naturel comme issu par l'influence du christianisme du vieux *Jus gentium*. Il le déclare apte à remplir les lacunes de la coutume et signale la divergence existant entre la doctrine américaine qui fait du respect du droit des gens une condition de l'admission dans la société des nations et la doctrine anglaise qui exige pour l'assurer un acte de législation.

Quoi qu'il en soit, et comme les nécessités les plus dures de la guerre ne peuvent pas être écartées par un simple recours aux droits de l'humanité, de ce mépris des principes est résultée une dissociation progressive de la doctrine et de la pratique. Pendant que les efforts de la doctrine tendent uniquement à découvrir des formules nouvelles plus pleinement satisfaisantes que celles qui ont été proposées jusque là, la pratique, elle, est restée fidèle aux errements anciens ; bien plus, sur certains points ces errements ont été aggravés sans que l'on ait pu observer que l'adhésion des hommes de science à des idées plus hautes ait jamais exercé la moindre influence sur la conduite des belligérants.

Mais on se tromperait en croyant que le développement méthodique du droit de la guerre ait été uniquement inspiré par l'idée de rendre les guerres moins fréquentes et moins sanglantes. — Une autre doctrine est apparue aussi dans la seconde moitié du XIXe siècle ; on l'a nommée la doctrine allemande et ce nom lui convient parfaitement, car c'est sous la plume d'auteurs allemands du reste considérables qu'on l'a vue se produire et se répandre. Cette doctrine, loin de vouloir diminuer l'effet nuisible de la guerre, a pour esprit au contraire de renforcer cet effet ; elle se recommande encore de raisons d'humanité, mais l'humanité y est entendue de telle façon que cette humanité-là devrait, de son véritable nom, être appelée une forme perfectionnée de la barbarie. Je ne fais pas allusion seulement, en disant cela, aux tentatives faites par les historiens allemands pour persuader au monde que l'Allemagne étant une terre d'élection et le peuple allemand le conducteur né des autres peuples, l'extension de la domination allemande est un bienfait pour le monde et par suite l'entreprise la plus légitime qui puisse être conçue, je veux parler de certaines théories allemandes, deux d'entre elles notamment, celle de la raison de guerre et celle de la guerre la plus courte.

La théorie de la raison de guerre a, si l'on cherche bien, des racines antérieures au XIXᵉ siècle, et on la voit déjà esquissée à la fin du XVIIIᵉ, notamment dans l'ouvrage de Vattel, lequel, comme nous l'avons observé déjà, a plus d'humanité en apparence qu'il n'en possède dans la réalité; mais c'est surtout en Allemagne, dans la seconde moitié du XIXᵉ siècle que cette théorie a été répandue et adoptée presque par tous. Elle consiste à dire qu'il y a deux façons de faire la guerre : la façon ordinaire que l'on appelle « manière » de faire la guerre, (Kriegsmanier) et la façon extraordinaire que l'on a baptisée du nom de raison de guerre (Kriegsraison). Lorsque, placée dans des circonstances qui n'ont rien d'exceptionnel, une armée peut se contenter de faire la guerre dans la manière habituelle, alors diverses restrictions que la coutume a imposées au nom de l'humanité ou de l'honneur à l'activité des belligérants, gardent leur autorité. En résumant cette première part de la doctrine d'un mot, on peut dire que lorsqu'ils usent de la manière de guerre, les belligérants sont tenus de combattre comme des civilisés. Mais il survient parfois des circonstances exceptionnelles dans lesquelles le simple emploi de la manière de guerre ne suffirait pas à sauver celui qui tiendrait à honneur de s'y conformer; alors le principe de la raison de guerre lui permet de rejeter toutes les entraves que la doctrine ou la coutume avait prétendu mettre à son action. Avec la raison de guerre, tout est permis. On peut tuer des innocents, on peut massacrer des prisonniers, on peut brûler des villes ouvertes à la libre circulation des armées. Si de pareils actes paraissent nécessaires à l'obtention de la victoire ils deviennent du coup légitimes et personne ne peut reprocher quoi que ce soit à l'armée qui les a accomplis. C'est la théorie de la victoire à tout prix.

Il tombe sous le sens qu'en admettant cette exception de la raison de guerre on affaiblit singulièrement, et pour mieux dire on réduit à néant l'autorité du droit dans la guerre, car il n'est pas difficile de voir que sous ce pompeux apparat de la raison de guerre à laquelle on prétend trouver un fondement dans le droit de légitime défense, ce n'est rien autre qu'un retour à la négation du droit que l'on prétend légitimer.

Mais il y a plus, et dans un enseignement scientifique vous me permettrez de vous faire observer que cette admission de la raison de guerre comme règle exceptionnelle, se superposant aux règles ordinaires dans les circonstances les plus critiques de l'action, va tout-à-fait à l'encontre de la nature même des lois de la guerre. La guerre, on le sait, est un état de désordre et de violence; la guerre ne peut pas être autre chose que cela, si donc on recommande certaines limitations au pouvoir de tout faire qu'a en principe le belligérant, c'est parce que ces limitations ont été effectivement reçues dans la pratique. Lorsque pendant une longue suite d'années on a pu voir des guerres se poursuivre honorablement et en respectant certaines entraves mises à la liberté des combattants, cela prouve que ces restrictions ne sont point du tout incompatibles avec la guerre, qu'elles ne nuisent pas à l'obtention de la victoire.

Le droit de la guerre est un droit de nécessité, c'est donc un droit qui doit être dans tous les cas observé à peine de perdre toute son efficacité sociale. La même raison nous oblige à dire que le droit de la guerre ne doit pas tout oser, que l'on ne doit pas multiplier arbitrairement les obligations que l'on impose aux chefs et aux hommes; mais il est certain qu'une fois ces obligations admises et vérifiées par l'expérience, elles s'imposent d'une façon absolue et qu'il n'existe pas de circonstances dans lesquelles on puisse secouer leur autorité.

Une seconde théorie allemande, non moins nuisible que la précédente, est celle que j'appellerai la théorie de la guerre la plus courte. Il est incontestable qu'elle a obtenu un crédit considérable dans la littérature juridique allemande car nous voyons que la grande majorité des auteurs de ce pays, et parmi eux les plus accrédités qui soient, se rallient franchement à cette théorie.

En quoi consiste-t-elle donc cette théorie de la guerre la plus courte ? Vous ne la connaissez que trop. C'est celle qui a été appliquée en Belgique, qui a couvert votre sol de ruines et plongé tant de vos familles dans la désolation. Elle consiste à dire qu'il importe avant tout à l'humanité qu'une guerre ne dure pas longtemps et que par conséquent plus à ses débuts on la rendra terrible, plus elle fera d'abord de victimes et plus elle entassera de ruines, plus elle se terminera vite, épargnant ainsi aux peuples qu'elle concerne les sacrifices sans nombre qu'une prolongation des hostilités ne manquerait pas de leur imposer.

Cela, c'est encore de l'hypocrisie ou je ne sais pas ce que ce mot signifie, car sous le voile de cette prétendue humanité par la barbarie on entend bien évidemment excuser tous les excès auxquels une armée peut se porter ; on entend surtout et l'on espère obtenir la victoire non point par le jeu naturel des forces mises en ligne, par le déploiement des qualités des chefs et des soldats mais bien par l'effet d'un sentiment de stupéfaction et d'horreur si répandu dans la population que celle-ci oblige le gouvernement à traiter sans délai.

Les partisans de la guerre la plus courte devront sans doute dans les éditions futures de leurs ouvrages renoncer à cette prétendue théorie, car elle serait maintenant bien malaisée à justifier. Ce qui, à leurs yeux, excusait des débordements jugés jusque là sans excuse, c'était l'effet qu'ils devaient avoir de précipiter la fin des hostilités. Or, qu'avons-nous vu depuis ? Qu'une guerre qui a débuté et s'est poursuivie dans une atmosphère d'horreur a cependant été une des guerres les plus longues que l'on ait vues, sans que ce mépris de toutes les lois les plus sacrées ait produit d'autre effet que d'exaspérer le patriotisme des combattants.

La théorie allemande mise à part, je ne vois pas ce que l'on pourrait signaler de nouveau dans la science du droit de la guerre moderne si ce n'est l'absence de toute théorie véritable. On ne cherche plus de nos jours à exercer une forme particulière de justice, on ne fait plus appel à un droit préconçu, on se résigne à l'inévitable et on s'étudie à recommander les suggestions de l'humanité et de la raison.

Par contre le XIXe siècle s'est honoré par de nombreuses réactions tentées contre la guerre. On peut dire — et cela malgré tout laisse un peu d'espérance — qu'il n'y a pas eu dans tout le cours de ce siècle de circonstance solennelle où les Puissances réunies pour quelque objet d'intérêt général, ne se soient préoccupées d'alléger le fardeau de la guerre.

Déjà en 1815 nous voyons se créer les neutralités perpétuelles, remède empirique dont on attendait beaucoup et qui n'a rien engendré sinon des erreurs funestes à ceux auxquels ces neutralités devaient profiter. Dans le même Congrès de Vienne qui avait déclaré la neutralité de la Suisse, on s'étudia à établir en Allemagne un équilibre aussi parfait que possible entre les Puissances, dans l'espoir que cet équilibre garantirait la paix pour de longues années. A la vérité tout n'était pas vain dans cet espoir puisque la période qui suivit le Congrès de Vienne fut précisément celle pendant laquelle l'Europe put jouir de la paix la plus longue. A la même époque le traité de la Sainte Alliance garantissait aux souverains leurs possessions et leurs couronnes, en retour de l'engagement pris par eux de conformer leur conduite à la grande loi de fraternité de la religion chrétienne.

A la même époque, le tsar Alexandre Ier se préoccupa d'un projet de pacification. Ce projet n'eut pratiquement aucun résultat. Quarante ans après, au traité de Paris, nous voyons signer par les belligérants, la Déclaration de Paris relative au droit maritime dont l'objet est de protéger mieux qu'elle ne l'avait été jusque là la propriété privée au cours des guerres sur mer. La Déclaration de Paris a exercé ses effets jusqu'à nos jours. Un peu plus tard, en 1863, Napoléon III, dans un discours d'ouverture de la session législative, manifestait l'intention de consulter les Puissances sur l'utilité d'un régime de pacification en Europe, et très sagement ce monarque se préoccupait d'abord de résoudre les questions les plus ardues pendantes au moment où il parlait. Il est en effet bien inutile de vouloir pacifier un continent si l'on ne s'occupe pas de faire disparaître les causes des troubles qui l'agitent.

4

Deux ans après, le 22 août 1864, la Convention de Genève a été signée, et par là une amélioration considérable réalisée au profit des blessés et des malades dans les guerres de terre.

En 1868, certains articles additionnels étaient proposés à cette même Convention de Genève, articles qui ne furent pas à la vérité ratifiés mais qui exercèrent cependant une influence favorable sur l'application de la Convention.

La même année, le 11 décembre, la Convention de St-Pétersbourg interdisait l'usage des balles explosibles.

Puis vint la guerre de 1870. C'est à la suite de cette grande guerre qu'on entreprit de régler par des conventions générales la conduite des hostilités. La première de ces Conventions, qui fut bien aussi je crois la mieux préparée de toutes, fut la Convention de Bruxelles de 1874. Lors de la guerre de 1870, la participation des corps francs à la guerre avait suscité de nombreuses difficultés; la Convention de Bruxelles porta spécialement son attention sur ce point et régla avec minutie les signes auxquels on reconnaîtrait dorénavant l'homme habile à porter les armes et à invoquer le cas échéant le droit de la guerre. L'œuvre de cette Convention, qui demeura à l'état de projet, fut sur ce point doublement vaine, car la dernière guerre amena sur le champ de bataille des quantités de soldats telles que les anciennes règles relatives à l'habillement des troupes ne purent pas être suivies, et les corps francs qui étaient la grande préoccupation de la Conférence avaient disparu; on n'en forma pas pendant la guerre de 1914. Cela n'empêcha pas, comme vous savez, les Allemands de prétendre qu'ils avaient été l'objet, d'actes d'hostilités nombreux de la part de francs tireurs, imaginaires, prétention destinée à colorer les excès qu'ils commirent en Belgique et en France et qui étaient doublement injustifiés. Injustifiés d'abord parce que ces corps francs prétendus n'existèrent jamais que dans l'imagination des troupes allemandes, en second lieu parce que les francs tireurs sont des ennemis réguliers, dont la participation aux hostilités ne saurait excuser en aucune façon les sévices exercés contre la population paisible du pays.

La Convention de Bruxelles ne fut d'abord qu'un essai. Trente ans plus tard, les Conférences de La Haye ont tenté une œuvre beaucoup plus considérable. Le temps dont je dispose ne me permet pas d'entrer dans le détail de ce qui a été fait à La Haye, je dois m'en tenir à une rapide esquisse des seuls points qu'il importe de retenir dans ce mouvement.

On sait que les Conférences de La Haye furent dues à l'initiative du tsar Nicolas II. Que voulait-on en 1898 lorsque l'initiative de ces conférences fut prise ? On voulait surtout arriver à la réduction des armements — c'est le problème qui préoccupe en ce moment même la Conférence de Washington — puis, peut-être parce que l'on craignait un échec dans la voie qui d'abord avait été suivie, peut-être aussi parce que le désir de mieux faire attirait l'attention sur d'autres objets, le programme de ces Conférences s'étendit presque démesurément. — En 1899, les premières Conventions de La Haye portèrent sur les moyens de maintenir la paix, sur les règles de la guerre sur terre, sur l'application de la Convention de Genève aux guerres maritimes. Quelques déclarations furent jointes à ces Conventions. — Huit ans après, en 1907, l'action des Conférences s'agrandit et aboutit à la signature de 13 Conventions.

Tous ces actes évidement étaient inspirés du meilleur esprit. En étudiant à nouveau l'arbitrage et la médiation on espérait faire faire des progrès sensibles à ces moyens connus depuis longtemps de mettre fin aux litiges internationaux. En rédigeant le droit de la guerre on pensait mettre dorénavant un obstacle plus sérieux aux excès trop fréquents des armées en campagne.

Les Conférences de La Haye ont eu de grandes prétentions. A quoi sont-elles arrivées ? Absolument à rien. La période qui les a suivies est précisément celle où les guerres ont été les plus fréquentes, les plus cruelles, les plus longues, et les pratiques suivies au cours de ces hostilités ont été certainement au dessous de celles dont on usait d'habitude dans les conflits armés. Ces conférences ont marqué la triomphe de la phraséologie et rien de plus.

Elles aboutirent en effet à un échec complet. On a essayé parfois de le masquer en alléguant que ces solennelles réunions avaient permis au moins aux peuples de prendre une connaissance plus complète de leurs intérêts, de se pénétrer de leur solidarité et de dégager un sentiment très élevé du bien commun de l'humanité. Rien de cela ne paraît correspondre à la réalité et la vérité oblige à déclarer que de toutes les tentatives de pacification, celles-là ont été les plus absolument inefficaces. Mais quelles sont les raisons qui se sont opposées à la réussite de cette initiative ? Ces raisons ont été de diverses sortes, et si on voulait les parcourir toutes, la liste en serait assez longue. La première grande faute commise a été de laisser le pape hors de la conférence. Sa place eût été là et il devait y figurer avant tout autre. Comment pouvait on espérer le succès d'une entreprise de pacification alors que l'on se privait du concours de la première autorité morale du monde ? Il est certain en outre que les plénipotentiaires réunis à La Haye ont émis des prétentions excessives, qu'ils ont eu une confiance trop grande dans leurs forces, qu'ils se sont privés du concours si nécessaire des techniciens, et par ce mot un peu barbare nous voulons entendre les militaires et les marins qui, mieux que personne, peuvent dire ce qui est possible à la guerre et ce qui ne l'est pas. Cet élément, à la vérité, n'était pas absent du sein des commissions, mais il n'y était pas assez amplement représenté.

Il y eut également — et dans un enseignement de droit ce défaut vaut d'être noté — un mépris très regrettable des précédents. Les diplomates réunis à La Haye, un peu éblouis sans doute par la solennité de cette réunion sans exemple, ont cru pouvoir faire litière des précédents dont au contraire il eût été d'une haute sagesse de s'inspirer ; ils n'ont pas regardé dans le passé ; confiants à l'excès, ils ont uniquement envisagé l'avenir et ils ont estimé — bien à tort — que l'avenir se plierait au gré de leurs volontés. S'ils avaient pris soin de faire un bref retour vers le passé ils auraient vu, par exemple, que l'arbitrage, dans le succès duquel ils mettaient la plus grande confiance, ne se prête pas indifféremment à la solution de tous les conflits ; l'étude du passé leur aurait révélé le chemin qu'a suivi cette institution si ancienne et si importante et par la direction de ce chemin ils auraient pu sainement séparer ce qui est espérance légitime de ce qui est pure illusion. De même dans la réglementation des lois de la guerre ils ont trop tendu au détail, à une minutie peu compatible avec les circonstances dans lesquelles ces lois doivent faire sentir leur action.

Mais surtout il faut reconnaître qu'en choisissant le procédé des grandes conventions pour réaliser les progrès qu'ils se proposaient d'accomplir, les membres des Conférences de la Haye n'ont pas fait preuve d'un discernement suffisant. — Les grandes conventions sont à la mode depuis une quarantaine d'années; on leur prête volontiers tous les mérites et l'on croît notamment que par ce moyen on arrivera à l'amélioration des relations entre les Etats, voire au remplacement de la guerre par des modes amiables de trancher les conflits internationaux. — On ne voit pas, et il faut le voir cependant, que des conventions, lorsqu'elles dépassent certaines limites assez modestes, sont des machines lourdes à mettre en mouvement et faciles à déranger. Elles sont lourdes à faire mouvoir, et on s'en est bien aperçu, car lorsque s'est ouverte la guerre de 1914 il a fallu se rendre à cette évidence que la convention de 1907 sur les lois et les coutumes de la guerre ne pouvait être d'aucun usage, car une convention de cette sorte n'entre en vigueur que dans une guerre où les belligérants sont parties à cette convention, et dès le début, en 1914, certains belligérants, comme les Serbes, étaient étrangers à la Convention de 1907 sur les lois et coutumes de la guerre sur terre. On aurait vu aussi que des doutes assez nombreux s'élevaient touchant l'autorité de la Convention de 1899.

Ce sont des points délicats et à l'examen desquels nous reviendrons. Qu'il me suffise de mentionner ici ces difficultés auxquelles on n'a pas donné à La Haye une attention suffisante. — Enfin ces conventions sont très fragiles car elles peuvent être dénoncées; elles peuvent être compromises dans leur effet par des changements dans la personne des belligérants; elles peuvent surtout être ruinées lorsque certains faits d'inexécution, toujours à prévoir, permettent à l'une des parties de dénoncer la convention.

C'est donc à tort que l'on a prêté une si grande autorité aux Conventions de La Haye. La tentative faite dans cette circonstance est fort honorable, on ne la reprochera jamais à ses auteurs, mais on est obligé de convenir que sur le terrain du droit, cette tentative était fatalement vouée à un échec. Il en était d'autant plus sûrement ainsi que par un autre côté encore, les conventions révèlent leur insuffisance ; elles participent fatalement de la nature d'un marché. Leur conclusion oblige parfois à des ménagements tels que l'objet de la convention se trouve gravement compromis. On en a eu la preuve éclatante lorsque l'on a tenté de mettre en exécution en 1914 la Déclation de Londres de 1909 écrite pour la guerre maritine. Il n'a pas suffi de la modifier, on a dû renoncer à son application. Il serait regrettable que cette leçon fût perdue.

SIXIÈME LEÇON

La guerre de 1914

S'il y a une justice dans l'histoire, la guerre de 1914 sera citée longtemps à l'opprobre de l'Allemagne. Elle a été engagée et conduite d'une façon plus qu'irrégulière, véritablement honteuse pour les Puissances qui l'ont déchaînée.

La guerre de 1914 a opéré le renversement de toutes les espérances que l'on avait mises dans la cause de la paix. Malgré les guerres qui l'avaient précédées, notamment la guerre russo-japonaise et les deux guerres successives dont la péninsule des Balkans a été le théâtre, on s'accoutumait à l'idée que la situation fréquemment tendue entre la France et l'Allemagne ne dégénérerait cependant pas en un conflit ouvert; c'était à cette époque une opinion très répandue dans le monde savant que de grandes guerres n'étaient plus possible à notre époque ou que si malheureusement il venait à s'en produire quelqu'une, cette guerre serait du moins de très courte durée, rien de plus que le temps de livrer une grande bataille qui déciderait tout. — Par sa longueur comme par les sacrifices qu'elle a coûtés, la guerre dernière a donc consommé la ruine de toutes les espérances que l'on pouvait avoir fondées sur la sagesse du monde. Elle a également occasionné un véritable écroulement du droit de la guerre, car elle a été menée suivant la seule raison de guerre, avec un oubli que l'on peut dire systématique de tous les ménagements que des siècles d'efforts continus avaient réussi à faire accepter.

On se rappelle les causes de cette guerre. Sans aucun doute l'assassinat de Serajevo était un acte blâmable au premier chef, il est certain que la Serbie, quelle qu'ait été sa part dans ce malheureux évènement — car la controverse reste ouverte sur ce point — devait à elle-même aussi bien qu'à l'Autriche d'en rechercher et d'en punir les auteurs, elle devait également offrir toutes les réparations d'honneur qui sont d'usage en pareil cas; mais on n'aurait pas cru d'abord qu'un conflit armé pût sortir d'un crime commis contre un particulier, quel que fût ce crime. Si tout cela n'avait pas recouvert une sinistre comédie, la guerre de 1914 offrirait le rare exemple d'un conflit entre peuples né du crime d'un simple particulier.

Des protagonistes dans cette douloureuse aventure, l'Autriche et l'Allemagne portent, à ce qu'il me paraît, une responsabilité inégale. L'Autriche a envoyé, on s'en souvient, à la Serbie le 23 juillet un ultimatum dont les termes étaient tels que je crus devoir le citer à mes élèves comme l'exemple d'une mise en demeure dont l'acceptation par une Puissance indépendante n'était vraiment pas possible. Ce n'est pas que les objets mêmes vers lesquels tendait cet ultimatum fussent contraires au droit, c'est que l'Autriche, dans cette circonstance, prétendait dominer la Serbie, lui ôter à la fois son initiative et le droit de gérer ses affaires par ses propres moyens. On voulait faire passer la Serbie sous le joug en lui faisant faire la police chez elle pour le compte de l'Autriche-Hongrie. — Malgré la raideur inouïe de cet ultimatum, les Puissances se doutant bien — et on ne pouvait pas l'ignorer alors — des conséquences fatales qu'il pouvait avoir, s'entremirent immédiatement pour limiter le différend et essayèrent de lui ménager une issue pacifique. La Serbie se soumit presque à tout, faisant preuve d'une extrême bonne volonté. On parla de médiation, une proposition fut faite qui tendait à déférer le conflit à la cour d'arbitrage de La Haye. — Rien de tout cela ne fut accepté. A la vérité, à la fin des pourparlers si courts qui eurent lieu entre l'ultimatum et le commencement de la guerre, il a semblé que l'Autriche mollissait un peu et qu'elle n'était point aussi opposée à une action amiable. Mais à ce moment l'Allemagne intervint.

L'empereur allemand, eut une attitude singulière. Dès qu'il fut question d'arrangement il disparut, laissant sans réponse aucune les propositions qui lui étaient envoyées. C'était rendre la guerre fatale et remarquons-le, — car ce point est important et nous nous réservons d'y revenir — il s'écoula un délai insignifiant entre l'ultimatum et la déclaration de guerre. En réalité c'était l'Allemagne qui menait tout cela. Il paraît certain qu'un mois auparavant, le 5 juillet, dans un conseil de guerre tenu à Berlin, il avait été décidé que l'on profiterait de l'occassion qui se présentait de faire la guerre. Ni l'Allemagne ni l'Autriche n'ignoraient que la Serbie étant attaquée serait soutenue par la Russie, et la Russie étant l'alliée de la France, la guerre devait fatalement s'étendre à notre pays.

C'est ainsi que la guerre fut déclarée, d'abord par l'Autriche à la Serbie, puis de suite après par l'Allemagne à la Russie et à la France. Est-il besoin de rappeler de quels prétextes misérables se couvrit l'Allemagne à notre égard lorsqu'elle vint alléguer par la bouche de M. de Schoen, son ambassadeur, de prétendues incursions de troupes françaises en Belgique qui ne s'étaient jamais produites, (à ce moment, au contraire nous décidions l'évacuation de la zône de 10 kil.) et des avions qui auraient survolé Nurenberg, ce qui fut démenti plus tard par les autorités municipales de la ville elle-même.

Ce qu'il ne faut pas oublier non plus, car ces choses-là découvrent, malgré toutes les dissimulations, la véritable intention d'une puissance, c'est que l'ambassadeur d'Allemagne notifia au Quai d'Orsay que la France ne pourrait garder la neutralité dans le conflit qui s'ouvrait qu'à la condition de remettre en dépôt entre les mains de l'Allemagne les villes de Toul et de Verdun, en d'autres termes, les clefs de sa frontière de l'Est.

C'est ainsi que ce véritable crime international fut commis.

Derrière les prétextes qui furent allégués et dont la plupart étaient déjà autant de mensonges, la ligne de conduite de l'Empire allemand se dessine nettement, et c'est précisément pour cela que nous estimons sa responsabilité beaucoup plus grave encore que celle de l'Autriche. La guerre à faire était un nouveau stade à parcourir dans le développement de la puissance allemande ; elle se reliait directement aux guerres de 1815 qui avaient permis à la Prusse de se nantir de possessions sur la rive gauche du Rhin, évènement fatal et que la diplomatie de l'époque est peu excusable d'avoir toléré ; la suite également de la guerre de 1866 qui rompit l'égalité péniblement établie entre l'Autriche et la Prusse et permit à cette dernière, par les confiscations auxquelles elle procéda après sa victoire (le Hanovre, l'électorat de Hesse-Cassel, le duché de Nassau Francfort) d'agrandir progressivement sa domination politique en Allemage; la suite de la guerre de 1870 qui avait porté l'Allemagne aux Vosges et donné au roi de Prusse la couronne impériale. — Les résultats envisagés par l'Allemagne en 1914 étaient en vérité immenses. Si ce coup de force avait réussi, la Belgique et la France n'eussent été désormais que de simples satellites de l'empire allemand, résultat déjà très considérable par lui-même, et plus encore peut-être par les suites indirectes qu'il comporterait, car l'emprise opérée par l'empire germanique sur les territoires belge et français l'eût rendu maître de ports de premier ordre sur la grande mer, directement en face de l'Angleterre. C'était le glaive allemant porté, on peut le dire, à la gorge de l'Angleterre ; aussi l'Angleterre, contrairement aux prévisions de la diplomatie allemande, vit-elle le péril dès le premier jour et se décida-t-elle à marcher avec nous. C'était un acte de haute prudence. Elle aurait été plus prudente encore si, dès avant cette guerre, elle avait lu dans les desseins de l'Allemagne et préparé une armée capable de les faire échouer. Sur ce point l'Angleterre a renouvelé en 1914 sa faute de 1870. C'était enfin l'annihilation de l'Espagne, et l'on s'explique peu que pendant toute la durée de cette longue campagne une partie considérable de la population espagnole ait été plus favorable à la cause allemande qu'à celle des alliés. — L'Allemagne en réalité, en récompense de ses succès, qu'elle escomptait comme certains, devenait la maîtresse absolue de l'Europe occidentale ; elle tenait l'Angleterre à sa merci et il ne lui restait plus, à ce qu'il semble, que la perspective d'un duel gigantesque avec les Etats-Unis d'Amérique pour devenir ce qu'elle entendait être, au nom de la civilisation dont elle se vantait d'être la représentante attitrée, la maîtresse du monde entier.

Il est impossible de citer un exemple plus net de guerre déchaînée pour de purs motifs d'ambition et de convoitise. Il n'existait absolument aucun sujet de guerre, aucun conflit, aucune question de quelque importance pendante entre les puissances alliées et l'Allemagne, et l'incident de Serajevo, si grave fût-il, ne dépassait pas les proportions d'un crime, engageant la responsabilité de ses auteurs, et dans une faible mesure celle de la Serbie, mais n'engageant nullement la responsabilité des autres puissances. L'agression de 1914 peut être dite le vrai type de la guerre injuste.

Dans ces circonstances, il faut le noter pour répondre aux défenses intéressées qui ont été portées si souvent devant l'opinion, il exista une union intime entre l'empereur et son peuple. Le peuple allemand comprenait d'une façon générale que cette campagne, qu'il croyait devoir être courte et brillante, aurait pour lui des avantages et surtout il se réjouissait de se livrer de nouveau à de nombreux actes de pillage analogues à ceux qui avaient déjà marqué chez nous la campagne de 1870. — L'union a été absolue. C'était bien pour lui la guerre fraîche et joyeuse que ses chefs aimaient à vanter. Nous n'en voulons comme preuve que le fameux manifeste des 93 intellectuels qui, en dépit d'une vérité évidente, vinrent attester la pureté des intentions de l'empereur allemand et de la correction de sa conduite.

Cette guerre, donc, a été déclarée en l'absence de tout motif plausible d'hostilité; disons qu'elle a été conduite avec le mépris le plus complet de tous les ménagements que commandaient le droit des gens et l'humanité. Il me serait impossible, au cours d'un enseignement aussi sommaire, de vous citer même les principaux excès commis par les troupes allemandes dans leur traversée de la Belgique et de la France. Au reste sur ce point vous êtes aussi instruits et plus instruits que moi, car ces troupes vous les avez vues à l'œuvre, ces ruines qui m'instruisent ici, vous les avez vu faire et vous pleurez encore nombre de concitoyens innocents qui furent les victimes de la barbarie allemande.

Je me bornerai donc à quelques traits généraux qui marquent d'une façon suffisamment nette quelle a été dans ces circonstances la responsabilité de l'Allemagne, et je dirai d'abord que son premier crime a consisté dans la violation de la neutralité belge.

Vous savez avec quelle légèreté M. de Bethman Hollweg a pris les objections que l'on faisait devant lui sur la neutralité belge; son mot de « chiffon de papier » demeurera tristement célèbre. Ce cynisme à la vérité n'était pas propre au chancelier de l'Empire et avant lui la science allemande en avait déjà donné l'exemple. Nulle affirmation n'est plus grave que celle-là. Si la foi due aux traités n'est qu'un mot, quelle sécurité y a-t-il à espérer dans les rapports entre nations? Cela revient à la négation de tout droit. Mais il y a plus, car le gouvernement allemand a donné dans cette circonstance le triste exemple d'un grand Etat qui en attaque un autre beaucoup moins fort que lui, alors que ce dernier s'est déclaré neutre et que lui-même a promis de garantir cette neutralité. On ne viole pas d'une façon plus scandaleuse les premières lois de la justice et de l'honneur.

Je noterai ensuite comme trait distinctif des hostilités poursuivies par les troupes allemandes, la terreur qu'elles se proposaient de répandre dès leurs premiers pas. C'était de leur part de la barbarie, car la brutalité allemande n'est pas un vain mot, mais c'était aussi un calcul, et ce qui le prouve bien, c'est que vous avez vu entrer dans votre ville des soldats persuadés que l'on ne pouvait pas parcourir la Belgique sans être exposé aux attentats incessants des francs tireurs, qu'il fallait se défier de tous, que le fer et le poison étaient prêts à être utilisés contre les troupes d'occupation à la première alerte. Ces idées venaient de loin et de haut, et vous avez acquis la preuve qu'elles étaient chez le soldat le résultat d'une campagne savante menée depuis longtemps, campagne grâce à laquelle on le vit parvenir à ce degré d'oubli de ses devoirs, que vous avez pu constater.

Pourquoi cette pratique de guerre ? Le motif en est facile à apercevoir. Il était double. D'abord l'Allemagne voulait une victoire prompte. L'Angleterre s'étant déclarée contre elle et étant, au début, de la campagne presque démunie de troupes de terre, la promptitude de la victoire devenait d'autant plus nécessaire ; il ne fallait pas laisser l'Angleterre s'équiper et verser des contingents importants sur le continent. Il fallait donc obtenir une victoire rapide, et il parut que pour cela le mieux était de frapper de terreur les populations des pays que l'on parcourait ; on espérait ainsi — vous reconnaîtrez là l'application d'une théorie chère aux allemands et que je vous signalais dans la leçon précédente — que les populations feraient pression soit en Belgique soit en France sur le gouvernement et qu'on arracherait ici et là l'acte de soumission que l'Allemagne demandait. Les évènements sans doute ont déjoué ces calculs, mais que de meurtres et de ruines nous a valu cette exécrable politique de guerre.

J'observerai encore que les armées allemandes se sont signalées par un oubli systématique et complet de toutes ces limitations à l'activité belliqueuse que l'on entend sous le nom de lois de la guerre ; qu'il s'agisse de lois expressément portées par une convention signée par elle, comme celle de Genève de 1864 et de 1906, ou de règles appuyées sur une coutume immémoriale, l'Allemagne a tout transgressé. Elle n'a pas observé la Convention de Genève, des ambulances ont été pillées et incendiées, dans de nombreux cas — et vous en avez eu des exemples sur le territoire belge — des blessés français ont été massacrés; et les choses en sont arrivées à ce point que les personnes vouées au soin des malades et des blessés, ont parfois trouvé préférable d'abandonner le signe protecteur de la croix rouge qui, loin d'être une sûreté pour elles, paraissait les désigner aux coups de l'ennemi.

Dans ce mépris universel des lois de la guerre, de celles même qu'une tradition constante pouvait faire considérer comme inébranlables, il n'est aucune règle à laquelle l'armée allemande n'ait manqué; elle n'a même pas écouté la voix du sens commun, sans cela s'expliquerait-on cette rage déployée contre des monuments parfaitement étrangers à la guerre et qui étaient en réalité des trésors de la civilisation et un patrimoine précieux à l'humanité tout entière? Pourquoi détruire la bibliothèque de Louvain? Pourquoi tirer sur la cathédrale de Reims et sur tant d'autres belles églises du nord de la France qui ne sont plus actuellement que des monceaux de ruines? Aucun avantage militaire n'était à attendre d'un semblable vandalisme et les allemands pouvaient bien prévoir que le souvenir de ces crimes jetterait sur leur nation un discrédit qui ne disparaîtrait pas facilement. Aux reproches qui leur parvenaient ils ont suivant leur coutume répondu par des mensonges continuels, mais un temps arrive où les fumées du mensonge se dissipent et où le crime apparaît dans sa nudité et son horreur.

Les lois de l'humanité ont été complètement négligées par nos ennemis et je n'en citerai qu'une preuve. Depuis très longtemps, grâce aux efforts de la doctrine, grâce aussi à l'humanité des officiers, cette séparation des combattants et des non combattants que voulaient déjà les canonistes, avait été réalisée en fait, et bien que certains actes de guerre comme le bombardement d'une ville ou la destruction d'un vaisseau, puissent en réalité entraîner la mort d'un certain nombre de non combattants, dans tous les cas où le déploiement de la force n'est pas purement aveugle et où une séparation peut être faite, les non combattants étaient tenus à l'abri des hostilités. Or, qu'a-t-on vu dans la campagne dernière? On a vu que les non combattants, loin d'être protégés, étaient parfois utilisés pour faciliter aux armées allemandes leurs manœuvres, que dans de nombreux cas des prêtres, des citoyens paisibles, des femmes, des jeunes filles, ont été poussés en avant par des troupes d'infanterie pour se garantir du feu de l'ennemi et que par une inhumanité singulière, il est arrivé maintes fois que les habitants d'une maison, généralement d'une maison isolée ou d'une ferme, ont été massacrés parce que de cette maison les troupes avaient subi le feu de certaine portion de la troupe régulière adverse; elles vengeaient ainsi sur des innocents les pertes que leur avaient causées des actes de guerre parfaitement légitimes. Si ces pratiques doivent se renouveler, il ne faut plus parler de lois de la guerre.

Les armées allemandes ont maintes fois manqué aussi aux lois de l'honneur. Ici le manquement le plus grave qui ait été commis est dans l'usage du mensonge. La guerre de 1914, du côté allemand, a été, on peut le dire, la guerre du mensonge. Mensonge de la part de l'empereur lorsqu'il affirmait n'avoir pas voulu cette guerre ou lorsqu'il prétendait dans sa célèbre dépêche au président Wilson, que les excès reprochés aux troupes allemandes étaient autant d'inventions de ses ennemis, mensonge des officiers et du grand Etat-Major lorsqu'ils persuadaient aux troupes qu'elles seraient en Belgique victimes des attentats des francs-tireurs et qu'ils les poussaient à la moindre alerte à incendier et à tuer tout ce qui se présentait à leurs coups. Il est incroyable que les francs-tireurs tiennent dans les documents amenés de l'Allemagne une place prépondérante alors qu'en réalité il semble parfaitement établi qu'il n'y a jamais eu en Belgique un seul franc-tireur. Quant à la France, nous sommes également certains du fait.

Que dire des enquêtes menées par l'Allemagne et de ce Livre

blanc qui eut précisément pour objet de publier une enquête sur les excès dont les troupes allemandes étaient les prétendues victimes ? Que dire de ces témoins qui venaient tous assurer que des habitants de Dinant, d'Aerschot, de Louvain, tiraient des toits, des fenêtres, des soupiraux de caves, sur les soldats allemands, alors que les maisons d'où partaient ces coups de feu étaient fouillées et que l'on n'y trouvait jamais ni une arme, ni un paquet de cartouches, ni une personne qui portât la trace d'une lutte récente ?

Je veux ici — car son nom mérite de n'être point oublié — citer particulièrement la déposition d'un capitaine de cavalerie, Herr Rittmeister Karge, qui affirma avoir vu de ses yeux, à Aerschot, le feu dirigé contre les troupes par la population, alors que la population civile ne possédait plus aucune arme d'aucune espèce. Ce fut ce même officier, d'un grade déjà important, qui se fit le bourreau du bourgmestre, de son frère et de son fils âgé de 14 ans. Que dire de ce soldat qui fut aperçu glissant des cartouches dans la poche d'un prêtre prisonnier pour pouvoir le dénoncer ensuite ? Tout cela est du plus pur déshonneur.

Honteuse a été également la conduite des troupes allemandes envers les femmes qu'elles n'ont pas hésité à saisir et à déporter, ce qui ne s'était jamais vu, et encore nous ne parlons pas d'autres infamies auxquelles ces malheureuses n'ont pas échappé. Honteuse, l'attitude de la population allemande dans ses rapports avec les prisonniers, et nous ne lisons pas sans dégoût dans les mémoires qui nous parviennent comment les premiers prisonniers faits dans la population civile, des ecclésiastiques, des femmes, des personnes considérables, étaient promenés dans les villes allemandes comme autant de bêtes curieuses, comment ils étaient couverts d'insultes et comment un prêtre — pour ne citer qu'un exemple — rapporte que dans une gare allemande, étant près de la porte du wagon où il était parqué avec tant d'autres, une femme s'approcha et lui cracha au visage. Il n'est pas inutile de noter qu'en France, malgré l'exaspération bien intelligible qui dura pendant toute cette guerre, jamais un affront ne fut infligé à un Allemand, et je me souviens personnellement avoir vu défiler par petits groupes des prisonniers allemands dans une grande gare encombrée de voyageurs, sans que de cette foule soit partie une seule injure à leur adresse.

Enfin, et ce sera le dernier trait à relever, les Allemands n'ont pas craint d'utiliser tous les moyens possibles contre leurs ennemis, même ceux qu'une humanité élémentaire avait défendu jusqu'alors d'employer. Ils ont lutté par le poison, ils ont lutté par le feu. Je croyais, qu'il y avait pourtant un acte répréhensible qu'ils n'avaient pas commis : l'assassinat du chef ennemi. On m'a fait remarquer mon erreur, car précisément au début de cette campagne, à Liège, un groupe d'officiers allemands s'introduisit dans la place à la faveur d'une similitude d'uniformes dans le but d'assassiner le général Leman, le courageux défenseur de la ville.

Tous les actes réputés crimes parmi les nations civilisées, les Allemands les ont commis sans la moindre hésitation.

Je ne veux point insister davantage. Que ne dirait-on pas à la charge des troupes allemandes si l'on voulait résumer tout ce qu'elles ont fait de mal pendant ces quatre années de guerre ? Il ne reste sur ce point qu'à souhaiter que le souvenir de ces horreurs ne se perde pas. Je voudrais même que dans les villes plus particulièrement dévastées par les troupes allemandes des monuments soient élevés, non point seulement à la mémoire de ceux qui ont succombé, mais en commémoration des ravages et des crimes que les soldats ennemis y ont commis.

Ces choses doivent avoir toutefois leur enseignement, et le premier que nous avons à en retirer me paraît être celui-ci : nous avons souffert d'une guerre qui, par sa durée, par les proportions énormes qu'elle a prises, a dépassé tout ce qui s'était vu jusque-là, et cette guerre nous offre le plus malheureux exemple d'une entreprise déchaînée et poursuivie sans l'ombre même d'un droit. Il résulte de là pour ceux qui font de l'étude des sciences sociales l'objet de leurs travaux, l'obligation de songer aux moyens, non de détruire la guerre, l'entreprise serait vaine, mais de rendre les guerres plus rares non point par des constructions éphémères et dont la valeur n'a jamais été éprouvée, mais en employant d'une façon plus suivie et plus sérieuse les moyens qui ont fait leurs preuves. C'est la méthode la plus prudente, la plus sûre, celle que nous emploierons. Donnons un exemple. On remarquera que dans cette guerre la soudaineté de l'attaque a été pour beaucoup dans les premiers succès allemands ; sans cette soudaineté, sans doute nous n'aurions pas à regretter les pertes que nous avons faites et les dégâts que nous avons subis ; c'est l'incroyable préparation de l'Allemagne, c'est la marche accélérée de ses troupes, qui lui ont permis en si peu de temps de conquérir presque toute la Belgique et une portion fort notable de la France. — Nous aurons à nous demander si certaines leçons ne doivent pas être tirées de là.

Un autre enseignement est qu'il faut certainement reviser le droit de la guerre et le ramener à plus de simplicité. Le droit de la guerre tel qu'il a été rédigé jusqu'ici n'a nullement mérité la confiance que ses auteurs avaient mise en lui. On dira sans doute : « c'est la faute de l'Allemagne ». Cela est possible et même juste en partie, mais la faute ainsi constatée peut se renouveler et il est à craindre qu'un droit ainsi formulé n'ait pas dans l'avenir une autorité plus grande. Un droit qui prétend à être appliqué sur les champs de bataille est fatalement assez sommaire et c'est une faute lourde de le concevoir semblable au droit que l'on applique à la barre d'un tribunal. Les faiseurs de traités ont versé dans le détail et la minutie. Si l'on veut un droit efficace, il faut renoncer à cette habitude et se contenter de quelques principes simples, faciles à entendre, faciles à suivre.

Il faut aussi être de son temps. Au cours de cette guerre le droit maritime a subi un bouleversement complet, bouleversement tel que les principes qui auparavant étaient considérés comme constants, notamment l'exemption de capture de certaines marchandises, la conservation d'une certaine liberté de navigation pendant la guerre, sont devenus aujourd'hui autant d'utopies. — Sur ce point ce n'est pas seulement un remaniement profond qui est désirable, il paraît indispensable qu'une refonte complète du droit soit effectuée, ou bien on se condamnera à promulguer indéfiniment des lois qui ne seront jamais écoutées.

Telles sont les leçons que cette guerre comporte. L'esquisse que j'en ai présentée ne serait pas complète si je ne disais pas qu'aux pertes et aux dévastations elle a ajouté une somme de dépenses tellement considérable que la charge supportée par les nations existe encore intacte et dépassant pour certaines d'entre elles, notamment pour la France, les possibilités les plus étendues que l'on puisse rêver. Entrer dans ce sujet serait inutile, les questions financières me sont peu familières et je ne crois pas du reste que personne au monde possède le moyen de résoudre l'énigme qui se dresse en ce moment devant nous.

Qu'une leçon cependant nous profite. La France s'est absolument ruinée dans les efforts qu'elle a faits pour soutenir cette lutte pendant les quatre années qu'elle a duré ; eh bien, à l'heure actuelle où elle porte le poids d'une dette démesurée et où ses espérances de remboursement semblent s'abaisser et faiblir, remarquez que les pays mêmes qu'elle a sauvés — car nous avons bien sauvé le monde du joug allemand par notre coûteuse résistance — paraissent avoir oublié les services que nous leur avons rendus, en pratiquant à notre égard la politique la plus égoïste qu'il soit. — C'est une leçon dure à subir, c'est une leçon qu'il faut savoir entendre. Les peuples vivent toujours dans une sorte d'état de nécessité et il est rare que les obligations morales, même les plus justes, trouvent crédit auprès d'eux si elles ne sont pas appuyées par une force qui en rend l'exécution réellement obligatoire. *Dura lex sed lex.*

SEPTIÈME LEÇON

Le traité de paix de Versailles

Peu de temps après que le traité de paix de Versailles eut été signé entre les Puissances alliées et l'Allemagne, j'eus l'occasion d'en présenter au public une analyse, et déjà alors je n'hésitai pas à dire que de tous les traités de paix que je connaissais celui-là était certainement le plus mauvais.

Je ne savais pas alors jusqu'à quel point j'avais raison. L'expérience me l'a appris. Le traité de paix de Versailles et les autres instruments qui l'ont suivi n'ont fait, depuis le moment de leur conclusion, que révéler les défauts qui les infectaient. Non seulement le but poursuivi par les négociateurs a été jusqu'ici manqué, mais on peut aller jusqu'à dire que ces traités, qui étaient essentiellement faits pour rétablir la paix, ne l'ont pas en effet rétablie et que nous nous agitons depuis leur conclusion dans un état de trouble, qui n'est plus la guerre mais qui n'est pas encore la paix. Même en se détachant, comme j'ai coutume de le faire, de tout point de vue politique, il est impossible de ne pas dire que la responsabilité des auteurs de ces malencontreux traités est lourdement engagée.

Procédons à l'examen du traité de Versailles, au moins de ses points les plus saillants, et dirigeons, comme c'est notre coutume, cet examen du côté de la critique purement juridique.

Le traité de Versailles et les accords qui ont été faits sur ce modèle, souffrent d'un vice central, vice qui les domine et les infecte tout entiers. L'erreur la plus grande qui ait été commise par les rédacteurs de ces instruments est de ne pas s'être conformés à la tradition suivie en matière de traités de paix. Nous parlons ici de tradition, c'est que l'on ne saurait s'en exagérer l'importance. La tradition, cette habitude qui fait que jusqu'à nos jours tous les traités de paix se sont ressemblés d'une telle façon qu'on pouvait les croire copiés sur un même modèle, cette habitude n'a absolument rien d'arbitraire. Les traités de paix poursuivent toujours un même idéal et tendent à un même but; dès lors on n'a pas été longtemps sans reconnaître les voies qui peuvent conduire au but désiré, et ces voies une fois connues, on s'est bien gardé de jamais les abandonner.

A quoi tend nécessairement un traité de paix ?

1° Un traité de paix tend d'abord à rétablir l'état de paix entre les belligérants, et par ce rétablissement il ne faut pas entendre seulement la cessation des hostilités, car on s'applique toujours à faire une paix qui repose sur des bases durables et puisse se continuer sans interruption pendant un temps assez long. Kant recommandait très sagement de ne jamais laisser dans un traité de paix les semences d'une guerre future.

2° Un traité de paix a essentiellement pour objet de donner au conflit qui a amené la guerre une solution définitive. Nous serions heureux de dire que le traité doit donner une solution conforme à la justice; l'infirmité des choses humaines ne permet pas de s'exprimer ainsi, et la solution du conflit qui résultera du traité sera simplement commandée par l'issue de la lutte.

3° Le traité aura aussi pour objet de réparer dans la mesure du possible les maux qui sont nés de la guerre.

Lorsque s'ouvrit la Conférence qui devait aboutir à la conclusion du traité de Versailles, les choses se présentaient aux plénipotentiaires sous un aspect évidemment très complexe, et cependant il est notable que parmi les points qui sont en général une source d'embarras il y en avait au moins un qui était dans l'hypothèse inexistant : c'est le second. On n'avait point à se préoccuper de donner au conflit des belligérants une solution, car de conflit il n'en avait jamais existé. On sait en effet que la guere de 1914 est née exclusivement de l'ambition de l'Allemagne et qu'aucune difficulté internationale ne pouvait servir de cause ni même de prétexte à cette prise d'armes inattendue. Voilà donc un point, des plus épineux d'ordinaire sur lequel l'attention des négociateurs n'avait pas à se porter.

Au contraire, le premier des objets, fatalement assigné à un traité de paix, revêtait dans la circonstance une extrême importance et devait, de la part des négociateurs, faire l'objet d'une attention soutenue. Nous disions plus haut que pour faire la paix il ne suffit pas de mettre bas les armes, il faut encore disposer le traité de telle façon que l'on n'ait pas à redouter, au moins dans un avenir prochain, un retour d'hostilités. Les différends, s'il en existe, doivent être clos de telle façon qu'il n'y ait point de chance de les voir se rallumer et mettre de nouveau les armes aux mains des combattants. Ici, la garantie de la paix était d'autant plus nécessaire que la guerre avait sa source dans l'ambition allemande. Ne disons pas, comme on l'a fait trop souvent, dans l'ambition de l'empereur d'Allemagne, car s'il est vrai que cette ambition était en effet illimitée, il est vrai aussi qu'elle était partagée par ses sujets, jusqu'au dernier d'entre eux. Il fallait donc s'appliquer à rendre la paix durable. Qu'a-t-on fait dans ce but ?

On a introduit dans le traité, d'une façon inattendue et brusque, la Société des Nations, construction compliquée, bizarre, de laquelle dans l'esprit de ses auteurs, devait résulter l'organisation entre peuples d'une véritable société internationale régie par les seules lois de la paix et de la justice.

Je ne veux pas devancer ici des explications qui auront bientôt leur place ; je me contenterai donc de dire que la conception d'une Société des Nations comme garantie de la paix du monde fut une illusion immense, illusion qui n'aurait pas tenu un instant si les architectes de ce grand édifice avaient plus mûrement réfléchi au sort qu'ont éprouvé de tout temps les constructions de cette espèce. Bornons-nous dès maintenant à la constatation d'un fait. Malgré l'abstention des Etats-Unis d'Amérique, qui ne voulurent rien entendre en dépit de l'invitation pressante de leur président, la Société des Nations a été constituée, tant bien que mal dirons-nous, car elle est fort loin d'avoir l'importance que l'on y avait d'abord attachée. Elle existe, au moins sur le papier ; on voit son assemblée se réunir et, par intervalles, son Conseil fonctionner. Mais il est à remarquer qu'elle n'exerce absolument aucune influence sur les affaires du monde et que toutes les questions d'une réelle importance — il n'en manque pas à l'heure actuelle — se traitent en dehors d'elle, par le ministère direct des Chefs d'Etats ou de leurs délégués. La Société des Nations est donc complètement incapable d'écarter les périls de guerre, et l'objet en vue duquel elle a été créée se trouve déjà à l'heure actuelle entièrement manqué. Non seulement cela résulte de ce que cette Société a été conçue sous une forme purement académique, sans lui donner la force militaire qu'elle réclamait et qui, si la chose eût été possible, lui eût permis d'avoir une volonté et de la faire respecter, mais aussi parce qu'il n'a semblé à personne que les délégués réunis dans cette assemblée eussent des lumières telles que leur opinion pût passer pour supérieure à celle que professent la généralité des hommes politiques.

Sans doute, on a considéré de plus que celui qui n'a pas la responsabilité ne doit pas avoir entre ses mains les moyens de l'action et qu'il est trop facile de commander quand on est à l'abri des conséquences des fautes que l'on peut commettre. Quoi qu'il en soit, l'autorité de ce grand organisme conçu comme principe de l'établissement d'une paix perpétuelle entre les nations est déjà ruinée, elle n'existe plus ou plutôt elle n'a jamais existé; il n'y a aucune chance pour que cette autorité se développe jamais dans l'avenir, et en cela on voit combien il a été imprudent de rechercher la solution d'un problème aussi angoissant que celui de la conservation de la paix du monde dans des constructions hardies et inconsidérées, au lieu de se plier simplement à ce qui fut de tout temps l'usage des nations.

Que faisait-on en pareil cas ?

Le vainqueur, soucieux d'épargner à son pays les frais d'une lutte nouvelle, tendait d'abord à donner à son Etat des frontières naturelles, et il faut convenir que, dans cette mesure au moins, le désir de s'agrandir n'a rien que de raisonnable. Cette idée préoccupait chez nous beaucoup d'esprits, et une opinion très forte recommandait, lors de la préparation du traité de Versailles, de profiter de la victoire de la France pour s'assurer la frontière du Rhin. Là était en effet la sécurité ; au moins, là était toute la sécurité que l'on peut obtenir contre les agressions répétées de l'Allemagne. — On se rappelle sans doute combien de critiques, évidemment intéressés, affectèrent de crier à l'impérialisme français alors que cependant une proposition semblable à celle-là était fort naturelle. On oubliait que tous les grands Etats se sont formés par l'effet de conquêtes territoriales, que l'Allemagne en particulier n'a pas eu une origine différente de celle-là, que ce procédé d'agrandissement a toujours été dans les rapports internationaux considéré comme légitime. — On oubliait surtout que lorsque l'agrandissement convoité a pour objet de donner à un Etat, moyennant l'acquisition d'un territoire fort modeste, une frontière solide, propre à décourager les invasions futures, il est non seulement de l'intérêt de cet Etat particulier, mais de l'intérêt de tous les autres, que cette prétention soit accueillie.

Nous nous obstinons à dire, car notre opinion sur ce point est loin de perdre sa force avec le temps, qu'une grande faute a été commise par nos négociateurs lorsqu'ils n'ont pas insisté sur l'attribution à la France de la frontière du Rhin. La frontière du Rhin jouait pour nous le même rôle que pour l'Angleterre la destruction de la flotte allemande, c'était le gage le plus sûr de notre sécurité.

L'obtention de frontières naturelles n'est pas le seul moyen que l'on possède de pourvoir à la paix future. On peut y parvenir aussi par des moyens purement politiques, en changeant quelque chose à la répartition des Etats, de façon à créer entre eux un certain équilibre qui rende les guerres de l'avenir plus chanceuses et par conséquent plus difficiles à décider. C'est souvent à ce moyen que les Congrès eurent recours pour assurer la perpétuité de leur œuvre. Le Congrès de Vienne essayait d'établir un équilibre durable en Allemagne en accordant une parité de forces à la Prusse et à l'Autriche et en grossissant les Puissances secondaires au détriment des principautés minuscules, de façon à donner à chaque souverain allemand le moyen d'entretenir une armée digne de quelque respect.

Le Congrès de Berlin de 1878 tenta — expérience vaine — d'établir l'équilibre des Balkans. On trouverait difficilement une réunion de Puissances qui n'ait pas eu précisément cet objet.

Comment pouvait-on, par un moyen politique, réaliser l'équilibre gardien de la paix ? Il eût fallu pour cela, comme on le proposait à l'époque de l'armistice, décréter la dissolution de l'empire allemand. La dissolution d'un empire, voilà à coup sur un gros mot ; cependant si l'on considère que l'empire allemand n'a dû sa naissance qu'à une guerre heureuse, on conviendra qu'il peut sans injustice devoir sa dissolution à une guerre malheureuse, surtout lorsque le délai entre les deux dates n'est pas tel qu'il fonde en sa faveur la tradition d'une longue existence.

Sur ce point encore, la cause de l'Allemagne a eu au sein de la Conférence de Paris de précieux défenseurs, car l'idée de la dissolution de l'empire allemand ne paraît même pas y avoir été agitée ; cependant il est certain que si l'on avait restitué aux Puissances allemandes leur indépendance ancienne et si on leur avait permis seulement une confédération assez lâche, dans le genre de ce qu'était le saint empire romain germanique, l'Allemagne n'aurait plus joui de cette concentration qui lui rend les guerres si faciles et qui fait qu'à l'heure actuelle, l'empire allemand ne cesse pas d'être une menace pour l'Europe tout entière.

De cela, on n'a rien fait du tout. Par contre, les auteurs du traité ont recouru à une satisfaction morale, qui s'est démontrée elle-même tout-à-fait inefficace. Dans les articles 227 et suivants de ce fameux pacte, on parle de la mise en accusation de l'empereur allemand dont la responsabilité est en effet capitale, et aussi du jugement et de la condamnation possible des chefs de cette armée qui manquèrent si souvent pendant cette campagne de 4 ans, aux lois les plus élémentaires de la guerre. — Qu'est-il arrivé ? Il n'est personne de vous qui ne le sache. L'extradition de l'empereur d'Allemagne a été refusée, et quant aux officiers allemands, ce n'est point du tout chez les alliés, c'est chez eux que certains d'entre eux ont subi un simple simulacre de jugement.

Sur ce point encore la faillite a été complète; nous ne la regretterons pas. Cette idée était malheureuse et nous avons toujours soutenu que la mise en accusation prévue par le traité était un mal plutôt qu'un bien. Ce n'est pas que sur l'empereur lui-même ainsi que sur les chefs de ses armées, sur ses officiers et jusque sur ses soldats, des responsabilités terribles ne pèsent ; il est incontestable que le fait d'avoir déclaré une guerre pareille et de l'avoir conduite comme elle l'a été constitue, au point de vue moral, un crime, crime qui mérite d'être stigmatisé dans les annales de l'humanité. Mais lorsqu'une résolution est pendante il faut avant tout en voir les conséquences, et il semble bien qu'en écrivant les articles 227 et suivants, les auteurs du traité de Versailles n'ont pas bien aperçu les dangers du parti qu'ils venaient de prendre. — En y réfléchissant mieux ils auraient été frappés de ce fait que jamais dans le passé — et cependant il y a eu tant de guerres injustes et même inexplicables — un souverain ou un général d'armée n'a été mis en jugement pour avoir fomenté la guerre, ou encore pour la façon dont il l'avait conduite. Cette abstention générale n'était certes pas une preuve d'indifférence, elle devait avoir une raison, et avec un peu plus d'attention cette raison aurait été aperçue.

Si dans un cas comme celui du traité de paix de Versailles on décide des poursuites de ce genre, si justifiées que soient ces poursuites et quelque apaisement qu'en attende la soif de la justice, il est évident que ce précédent pourra être élevé au rang de loi et que bien souvent ce seront des innocents qui subiront la punition réservée aux coupables. Assurément le vainqueur trouvera toujours quelque motif d'inculper un adversaire que la fortune des armes a trahi et alors même que cet adversaire serait tout-à-fait innocent du fait de la guerre, il n'hésitera pas à intenter contre lui des poursuites et à lui infliger un châtiment immérité. N'a-t-on pas dit en Allemagne, ne dit-on pas aujourd'hui encore que ce n'est pas l'Allemagne mais bien la France qui est l'auteur de la guerre? à ce compte là, si les Allemands avaient été vainqueurs, n'auraient-ils pas eu le droit de traduire en jugement les souverains ou les chefs des nations qu'ils avaient attaquées. Il est souvent prudent de s'abstenir d'une poursuite, fût-elle très juste, lorsqu'elle peut servir de prétexte et de cause à toute une série d'iniquités.

Ainsi, en ce qui concerne le rétablissement de la paix, on peut dire que les rédacteurs du traité de Versailles ont fait ce qu'il ne fallait pas faire et qu'ils n'ont pas fait au contraire ce qu'il eût fallu faire. L'événement certainement a déçu leur attente ; ils espéraient mieux des mesures qu'ils avaient adoptées. Mais encore peut-on exiger de ceux qui sont mêlés à ces grandes tractations, qu'ils n'agissent pas sous l'empire d'illusions vaines et qu'avant de construire eux-mêmes ils s'inquiètent de la façon dont on a construit avant eux.

Le principe de l'obligation de l'Allemagne à des réparations n'est pas douteux, le droit a toujours été formel sur ce point, et déjà les canonistes proclamaient que le vaincu dont la cause était injuste est obligé de réparer les dommages qu'il a causés. Ces dommages comprennent les torts causés aux personnes, en tant qu'ils peuvent être réparés, et aussi les dommages aux biens. — S'il fallait donner à cette expression de « dommages » toute l'étendue qu'elle comporte naturellement, il faudrait ajouter à ces deux chefs le remboursement des frais énormes occasionnés par la guerre aux adversaires de l'Allemagne ; mais sur ce point nous trouvons dans le traité une déclaration purement platonique, celle de l'art. 231. L'Allemagne se reconnaît débitrice de ces frais, mais immédiatement après une autre disposition (art. 232) l'exempte de l'obligation de payer, faute de moyens suffisants à cet effet.

Comment s'assurera-t-on que cette obligation prise par l'Allemagne sera exécutée ?

A cet endroit les auteurs du traité de paix ont commis une erreur prodigieuse. Leur erreur a été de considérer l'Allemagne comme une débitrice de bonne foi, soucieuse de se libérer et décidée à s'imposer tous les sacrifices nécessaires pour parvenir à cet objet. Déjà au moment où le traité de Versailles a été signé, il était évident que l'Allemagne ne cherchait qu'à éluder ses obligations et à gagner du temps, espérant parvenir à une restauration de ses forces assez complète pour lui donner les moyens de refuser nettement les réparations qu'elle avait promises.

Cette impression n'a pu que se consolider depuis, et nous voyons clairement aujourd'hui que l'Allemagne, dont la prospérité économique et commerciale est grande, et qui souffre moins de la crise actuelle que les pays voisins, emploie toute son habileté à reculer indéfiniment le moment de sa libération.

Le principe de cette erreur est dans la confiance que portaient les diplomates de la Conférence de Paris, au nouveau gouvernement allemand. L'expérience, cependant, aurait pu convaincre les rédacteurs du traité de la grave erreur qu'ils commettaient. Déjà antérieurement on ne manquait pas d'exemples de déclarations solennelles du gouvernement allemand qui n'avaient point été suivies d'effet, et il n'était pas à croire que dans cette nouvelle occasion, une foi plus grande pût être prêtée aux promesses de l'Allemagne. — On se rappellera en particulier qu'en 1815, après Waterloo, les armées coalisées entrant en France déclarèrent qu'elles ne faisaient point la guerre à la France même mais seulement à Napoléon Ier, déclaration que nous avons vue se renouveler en 1870 contre le malheureux Napoléon III, et cependant, lorsque les alliés furent arrivés sous les murs de Paris, la Prusse ne parlait de rien de moins que de démembrer la France. — Cet exemple est assez célèbre pour mériter de n'être pas oublié.

Il n'est pas inutile, d'insister ici sur le droit et de peser les conditions que tout traité stipulant des réparations doit satisfaire pour constituer un acte vraiment efficace. Ces conditions sont, à notre avis, au nombre de trois : il faut d'abord fixer les réparations dues, ensuite organiser la contrainte qui servira à les faire payer ; enfin poser le principe des compensations possibles.

Il faut, disons-nous, fixer les réparations dues. — Le système adopté par le traité de paix a consisté dans l'institution d'une Commission dite des Réparations (art. 223), laquelle devait présenter et a présenté en effet le 1er mai 1921, un état des sommes dues, accompagné d'un état de paiement réparti sur une période de trente ans.

On comprend bien que l'énormité des dégâts commis par l'Allemagne dans les provinces occupées pouvait justifier l'adoption d'un système particulier qui ne fût pas parfaitement semblable à ce qui avait été fait dans des occasions semblables. Toutefois le principe même soulève bien des objections, sur ce point particulièrement, que les sommes dues ne doivent être fixées qu'après avoir entendu le gouvernement allemand. On aurait pu prévoir ce qui s'est passé depuis. Non seulement les représentants de l'Allemagne ont fait, comme c'était leur droit, tous leurs efforts pour faire arrêter le chiffre de leur dette aux sommes les moindres possibles, mais il n'est pas de raison ou de prétexte qu'ils n'aient opposés aux réclamations des alliés, et ce système a abouti à compliquer singulièrement la besogne des gouvernements comme celle de la Commission des Réparations. L'hésitation a été grande en cette matière. Tantôt on a pensé au système du forfait qui a le grand avantage de couper court à toute discussion ultérieure ; tantôt on est revenu au principe adopté par le traité qui est au contraire de mesurer les réparations dues sur les destructions et les dévastations opérées.

Enfin et en dernière analyse l'Allemagne a plaidé son insolvabilité et le système qu'elle suit actuellement avec opiniâtreté consiste à affirmer qu'elle est incapable de payer les sommes qu'on lui réclame, et que du reste elle a promises, ses richesses ne suffisant pas à un pareil paiement. On sait très bien que l'Allemagne fait passer ses capitaux à l'étranger, que son industrie est dans un état de prospérité que tous les peuples voisins pourraient lui envier et enfin que la vie en Allemagne est beaucoup moins chère qu'elle ne l'est dans le reste de l'Europe occidentale.

Ces résultats condamnent évidemment le système qui les a engendrés, et il faut bien convenir que lorsqu'il s'agit de fixer les réparations auxquelles une nation est tenue envers une autre nation le seul procédé rationnel est celui du forfait. Le forfait peut sans doute exposer à des inexactitudes, on peut n'avoir qu'une part de sa dette alors que l'on croyait la toucher tout entière, il demeure meilleur cependant parce qu'un traité de paix doit rétablir la paix et que l'on ne peut pas espérer que la paix existe de nouveau si un traité, ouvrant la porte à de perpétuelles discussions, ménage des occasions continuelles de collisions futures.

Un traité comme celui de Versailles, qui suppose d'abord une procédure de 22 mois et réserve des possibilités de révision pendant 30 ans, est fatalement un nid de querelles. L'expérience l'a bien montré et il n'est point excessif de dire que d'un pareil traité la guerre seule peut sortir et non pas la paix. Du reste on remarquera que la pratique antérieure est absolument conforme aux idées que nous exprimons.

Lorsque par le traité du 20 novembre 1815, et pour la première fois dans les fastes du droit international, une indemnité globale considérable fut imposée à la France, cette indemnité fut fixée à 700 millions, dont 500 pour le remboursement des frais de la campagne de 1815 (on admettait bien alors le remboursement des frais de campagne), et 200 pour l'édification de forteresses destinées à contenir la France. — De même lors du traité de Francfort la somme de 5 milliards fut arrêtée dès les préliminaires ; les paiements étaient échelonnés jusqu'au 2 mars 1874 et l'évacuation du territoire occupé par les troupes allemandes devait se faire proportionnellement aux sommes qui seraient acquittées. En outre, et pour ne rien laisser à l'imprévu, l'entretien des troupes d'occupation demeurait à la charge du gouvernement français et devait se faire suivant un tarif exactement précisé.

On peut dire de dispositions semblables, qu'en cette matière elles sont la sagesse même. Au contraire le système inauguré par le traité de Versailles a révélé ce défaut très grand de lier l'exécution du traité à la prospérité de l'Allemagne, ce qui donne une base toute prête aux demandes de réduction ou d'abandon émanées de cette puissance.

Ceci va tout-à-fait contre la vérité des choses. Le principe d'une réparation étant, dans les limites que nous connaissons, accepté par l'Allemagne, on devait considérer que toutes valeurs existant dans ce pays étaient affectées à l'exécution du traité ; la tradition historique est formelle sur ce point. Autrefois, et déjà au xve siècle, les Etats contractants hypothéquaient tous leurs biens à la sûreté des promesses qu'ils faisaient dans les traités de paix, et même dans d'autres traités moins graves, comme les traités d'arbitrage, nous retrouvons la même hypothèque stipulée à titre de sûreté.

D'après le droit international, l'Allemagne devrait donc d'abord acquitter ses obligations, sauf ensuite à organiser ses affaires intérieures de façon à recouvrer sa prospérité ; ce dernier point ne peut pas être posé comme condition au premier.

Il faut ensuite, dans tout traité de paix, qu'une contrainte soit prévue pour le cas où le promettant ne remplirait pas ses obligations. On comprend facilement qu'à la suite d'une guerre un peuple ne paiera pas volontiers les dettes qu'il s'est vu obligé de contracter envers son adversaire, et l'on peut être certain qu'il ne paiera pas du tout si l'on ne prend pas la précaution de le mettre dans l'impossibilité de ne pas payer. Ceci se fait surtout en occupant une part plus ou moins grande du territoire de l'Etat débiteur. Que ce moyen soit le meilleur, l'expérience du temps passé nous l'apprend, car primitivement d'autres procédés étaient employés en vue d'obtenir le même effet : la nomination, de fidéjusseurs qui s'obligeaient avec le promettant, lequel était généralement leur seigneur, et l'on trouve dans les traités cette clause curieuse que souvent le suzerain déliait ses vassaux du serment de fidélité en les engageant à l'obliger lui-même, suzerain, à accomplir ses obligations. L'histoire ne dit pas si cette invitation fut souvent suivie d'effet. — On se servait également d'hypothèques qui entraînaient l'aliénation de la souveraineté en cas de non paiement. Cependant, de préférence, on en est venu à l'occupation parce que l'occupation paralyse l'action du gouvernement sur le territoire occupé et que cette paralysie ne peut pas être tolérée pendant un temps très long sans de graves inconvénients. Il faut donc payer pour les éviter.

Nous rappellerons qu'en 1815 sept départements français allant de la mer aux Vosges ont été occupés pour la sûreté de la somme promise aux alliés, et qu'en 1870, au moment où les préliminaires ont été signés, les Allemands occupaient plus de la moitié du territoire français ; puis, à mesure que les paiements promis se faisaient, l'occupation se réduisait pour ne cesser qu'après l'acquittement complet des dettes qui avaient été contractées. Le paiement des frais d'entretien des troupes occupantes était sanctionné par le droit de réquisition qui, en cas de non paiement, appartenait à l'occupant.

Avec de pareils procédés il ne reste pas de moyen de se soustraire aux obligations que l'on a prises, et en même temps l'adoption de ces procédés permet une grande rapidité dans les négociations et par là même les soustrait à toutes influences de nature politique.

Qu'apercevons-nous en regard comme sûretés dans le traité de paix de Versailles ?

C'est d'abord, pendant une durée de 15 ans, l'occupation par les troupes alliées de la rive gauche du Rhin, puis c'est le privilège de l'art. 248, lequel porte sur tous les biens et sur toutes les ressources de l'empire allemand, privilège qui, derrière une façade imposante, ne recouvre en réalité pas grand chose car pour pouvoir exploiter les ressources de l'empire allemand, qu'il s'agisse de son domaine privé ou de son domaine public, il est nécessaire d'être en contact avec les biens dont il s'agit et pour cela il faudrait d'abord occuper le pays. — Au surplus, ce qui prouve que ces précautions ont été totalement insuffisantes, c'est que l'Allemagne n'exécute pas les obligations qu'elle avait prises sans que cependant jusqu'ici aucune sanction d'aucune sorte ait été prise contre elle.

Sur ce point encore la faute commise a consisté à substituer des idées purement théoriques à des doctrines que l'expérience avait consacrées. On a cru à l'influence de la Société des Nations, on s'est trompé. On a pris au sérieux les déclamations dirigées contre l'Allemagne ennemie de la paix du monde, et ces déclamations se sont évanouies ; on a oublié une loi qui seule était nécessaire. Le premier soutien du droit international est dans la force de l'opinion ; or l'opinion nous est révélée par la tradition qui en un certain sens peut être dite de la sagesse accumulée : de là cette loi très sage qu'il ne faut jamais tenter une réforme directement contraire à l'expérience du temps passé et qu'il ne faut rien modifier qu'après que les usages ont commencé d'eux-mêmes à subir certaines altérations. Le grand danger de la politique qui a été suivie a été de rompre brusquement avec le passé, car dans cette rupture il y avait une imprudence extrême. On a voulu créer un nouveau droit qui semblait plus beau et on n'a pas vu que ce droit était l'incertitude même ; on ne s'est même pas demandé s'il ne pouvait pas conduire à des excès redoutables. En réalité actuellement le Traité craque de toutes parts, et c'est une question toujours ouverte de savoir si ce qu'il en reste encore pourra être maintenu. La paix n'est pas véritablement rétablie, on ne sait pas quand elle le sera. Les alliances les plus nécessaires sont suspendues et on ne garde guère l'espoir de les voir conclure. — La mauvaise semence n'a pas tardé à porter de mauvais fruits.

Enfin, tout traité de paix, dans l'œuvre de réparation qu'il accomplit, doit respecter un troisième principe : aucun avantage stipulé ne doit être abandonné sans une compensation.

Un traité de paix, lorsqu'il a été conclu, est une chose acquise ; il est possible que les circonstances obligent à le modifier, mais si des modifications interviennent, à chaque abandon doit correspondre quelque avantage qui lui serve de compensation. Cela est strictement juste. Le rétablissement de la paix est en effet une sorte de marché, et lorsqu'un marché est conclu, chacun des contractants doit recevoir ce qui lui a été promis directement ou bien un équivalent lorsque l'exécution de sa promesse devient impossible. On se rappelle sans doute à quel point de détail le prince de Bismarck poussa cette pratique en 1871 lorsque la cession de certains territoires confinant à Belfort ne fut accordée que moyennant l'abandon à l'Allemagne d'autres territoires qui, d'après le traité de paix, auraient dû rester à la France. La théorie bismarckienne était : « rien pour rien », et il faut avouer qu'en pareille matière cette théorie est juste et politique. Elle est politique parce que le prestige d'une nation, seule source possible de respect, est à ce prix.

Nous irons fort loin dans cette voie et nous appliquerons cette idée même à la matière du châtiment des coupables. Ce châtiment n'a pas eu lieu, il est invraisemblable qu'il ait jamais lieu, et nous avons déjà dit que nous ne le regrettons pas. Mais alors, faute de cet avantage, quelque compensation aurait dû nous être donnée ; nous ferons une grande faute si nous ne la réclamons pas.

De même encore, au cas peu vraisemblable où l'Allemagne pourrait créer véritablement son insolvabilité et se mettre dans l'impossibilité de payer ce qu'elle nous doit, ce résultat ne devra être accepté que moyennant des compensations. L'Allemagne possède des richesses ; ces richesses devraient être mises à la disposition des alliés jusqu'à concurrence des sommes dues. En dehors de ce principe on espérerait à tort obtenir dans le règlement des indemnités qui nous sont dues une justice quelconque. Nous le répétons, dans les circonstances qui accompagnent un traité de paix, l'œuvre de la justice est une œuvre difficile ; il faut vaincre la mauvaise volonté de l'adversaire et lorsque l'adversaire, comme dans le cas présent, est plein de ressources et d'astuce, il faut s'attendre à chaque pas à de nouvelles querelles tendant à émousser et à rendre inutiles les droits les mieux établis. A cela une seule réponse est possible. Si quelque prestation promise par le traité surpasse véritablement les forces de la puissance qui l'a promise, qu'elle en propose une autre de quelque genre que ce soit : cession de territoire ou remise d'objets d'art, ou exécution de travaux. On est déjà entré dans cette voie en proposant pour une large part la substitution de remise en nature aux paiements en argent. Cela n'est pas inadmissible, mais à la condition que sous cette substitution ne s'abrite pas une faillite plus ou moins considérable du débiteur.

Telle est la doctrine, doctrine que l'on aurait dû maintenir rigoureusement dans le traité de Versailles. C'est une doctrine lourde et qui n'a nullement la prétention de correspondre à un idéal ; elle est moins séduisante certes que les constructions imaginaires d'où l'on pense faire résulter le bonheur de l'humanité, mais elle est plus solide ; de ces constructions, on ne sait jamais si elles donneront quelque chose, et en fait elles ne donnent rien, tandis que des avantages immédiats et tangibles, on peut être sûr qu'ils contribueront efficacement à la réparation des dommages que la guerre a amenés.

Les gouvernements qui sont responsables de l'avenir de leur pays devraient songer à ces vérités lorsqu'ils négocient et lorsqu'ils font exécuter un traité de paix.

HUITIÈME LEÇON

La question du désarmement

Le problème du désarmement peut-être présenté comme le type de la question attristante et désespérée et comme le cas peut-être le plus illustre qui soit de cette opposition absolue que nous avons signalée dès le début entre le commandement de la raison et les dures nécessités de la pratique.

Il n'est pas douteux que le développement des armements constitue pour le monde un véritable fléau et que les dépenses considérables qu'il exige forment pour les Etats militaires une charge aggravant dans des proportions démesurées les difficultés de leur existence. Malgré cela, on n'a trouvé jusqu'ici aucun remède au fléau de l'excès des armements, et, comme je le dirai plus amplement tout-à-l'heure, je ne pense pas que la Conférence actuellement réunie à Washington soit beaucoup plus heureuse dans cette tentative qu'on ne l'a été antérieurement.

Pour certains esprits la question du désarmement est élémentaire. Ils aiment à répéter qu'il importe fort peu que deux Etats emploient des forces plus ou moins grandes à soutenir leur cause par les armes, pourvu seulement que la proportion des forces utilisées par chacun d'eux reste constante. Qu'importe, qu'un Etat mette en campagne 100 hommes contre un autre qui en arme 60, alors que le résultat serait exactement le même si le premier en avait 10 et le second 6 seulement. Pour ces esprits simplistes, la question du désarmement est très facile et on comprend qu'ils soient tentés de mettre à la charge des Etats leur inaction dans ce domaine. Malheureusement ce raisonnement si évident ne tente plus personne. Il n'est pas certain du tout que le maintien des proportions de l'armement de deux Etats influe seule sur leur faculté de défense réciproque. En outre, la situation des Etats, la nature de leur sol, leurs défenses naturelles plus ou moins parfaites, le caractère même de leur population, tout cela doit influer sur leur établissement militaire, et l'Etat qui pourrait fermer sa frontière avec 100,000 hommes, sera peut-être condamné à la laisser ouverte s'il n'en a que 50,000. Ce serait donc une illusion dangereuse, que de penser qu'à valeur égale des troupes sont d'un emploi égal sur tous les champs de bataille.

La question du désarmement fait depuis longtemps l'objet des préoccupations des amis de l'humanité et nous savons déjà qu'à la fin du xviiie siècle Bentham proposait à l'Angleterre un plan de désarmement naval. Bentham souhaitait que l'Angleterre renonçât à ses colonies parce qu'il jugeait que ses colonies lui étaient à charge, absorbant des capitaux qu'elle aurait mieux employés chez elle, il demandait de même qu'elle désarmât sa marine de guerre, source pour elle de grosses dépenses et de nul bénéfice, mais sur ce dernier point il était cependant plus accommodant. Non content de présenter le désarmement comme devant être accompli parallèlement par les puissances maritimes du monde, ce qui était naturel, il demandait que l'Angleterre gardât une puissance navale capable de contrebalancer les forces des trois puissances placées après elle dans l'échelle des grandeurs. C'était donc le désarmement, mais avec une supériorité décidée au profit de sa patrie.

Le philosophe Kant est entré aussi dans cette voie. Il aurait voulu, chose tout aussi illusoire, que les Etats une fois constitués sous la forme démocratique, se refusassent à voter les budgets de la guerre. Du refus du budget de la guerre résulterait naturellement la renonciation aux armements. Dans l'esprit du philosophe allemand cette renonciation serait un des meilleurs moyens d'arriver à la paix perpétuelle. Ce sont là fantaisies de publicistes et de philosophes.

Mais la question n'en est pas restée là; elle devait être l'occasion, comme on sait, de la réunion de la première Conférence de La Haye.

La circulaire envoyée par le comte Mouravief au nom de l'empereur Nicolas II, le 24 août 1898, développait en effet en excellents termes la nécessité générale de la réduction des armements. L'empereur de Russie n'allait pas trop loin en disant que ce projet répondait aux intérêts essentiels et aux vœux légitimes de toutes les puissances ; par contre il exagérait en déclarant l'heure venue de la discussion des moyens par lesquels un désarmement pouvait être opéré, comme aussi lorsqu'il affirmait que depuis vingt ans des aspirations à un apaisement général s'étaient particulièrement manifestées dans la conscience des nations civilisées.

On verra dans cette circulaire tous les arguments qui militent en faveur d'une diminution des armements; ils sont nombreux, ils sont considérables, surtout au point de vue économique, car il est certain que la charge toujours croissante des dépenses militaires et navales rend fort difficile à maintenir la prospérité économique d'un pays; le principal est encore celui que l'on tire de la loi fatale qui veut que chaque Etat aille à la limite de ses forces et s'épuise en dépenses qui n'ont aucun effet utile. Rien n'est plus certain.

Cependant lorsque le comte Mouravief publia le 11 janvier 1899 sa seconde circulaire, celle-ci fut, au point de vue qui nous occupe, très différente de ce qu'avait été la première. La réduction des armements y occupait encore une place, mais elle se trouvait accompagnée d'un assez grand nombre d'autres problèmes sur lesquels l'attention de l'Europe était également attirée. Huit questions étaient ainsi posées dans cette seconde circulaire, dont la question des armements demeurait la première. C'est après ces préliminaires que la Conférence se réunit en mai 1899.

La question de la réduction des armements n'y joua pas un grand rôle. On avait réfléchi depuis la première circulaire, on avait vu sans doute qu'on allait se heurter à des obstacles infranchissables, et que pour vouloir maintenir trop strictement le programme que l'on s'était imposé, on courait le risque de faire échouer complètement la Conférence ; aussi les débats portèrent-ils de préférence sur d'autres points ; la question de l'arbitrage, puis celle de la rédaction des lois et coutumes de la guerre sur terre. Cependant la réduction des armements n'y fut pas oubliée et l'on proposa dans ce sens un accord international par lequel les nations s'engageraient à ne pas augmenter pendant un délai de 5 ans l'effectif de leurs troupes en temps de paix, à fixer, s'il était possible, cet effectif réserve faite de celui des troupes coloniales, à maintenir au cours du même temps les budgets militaires sans accroissement. Pour la marine c'était pour un délai de 3 ans que l'on proposait et on demandait en outre que les puissances maritimes se fissent connaître réciproquement le tonnage total des navires qu'elles construiraient, le nombre des officiers et marins de leur flotte, le chiffre des dépenses engagées pour les ports, les arsenaux, etc.

La discussion de ces propositions, assez modestes, souleva de telles difficultés qu'il fallut vite se convaincre que l'on se séparerait sans arriver à rien. La Conférence se borna à un vœu demandant aux gouvernements de prendre en considération les propositions qui avaient été faites et de mettre à l'étude la possibilité d'un accord relatif à la limitation des forces armées de terre et de mer, ainsi qu'à celle des budgets militaires.

Dans l'intervalle des deux Conférences on vit deux Etats, le Chili et l'Argentine, passer une convention le 28 mai 1902 pour la limitation de leurs forces navales, se promettant de ne point achever la construction des navires de guerre dont ils avaient effectué la commande, et même de réduire leurs escadres dès qu'ils se seraient entendus sur l'équivalence à établir entre leurs forces navales, Cet accord était fait pour 5 ans. Nous croyons savoir qu'à son expiration il n'a pas été renouvelé. L'exemple donné par les deux nations américaines ne fut du reste pas suivi, bien loin de là, car en 1907, lorsque la seconde Conférence de La Haye se réunit, on publia que dans l'intervalle des deux conférences, c'est-à-dire dans l'espace de huit ans, les grandes Puissances militaires, craignant sans doute de voir fixer une limite à leurs budgets de guerre, les avaient grossis d'une somme atteignant 1800 millions ; c'était à cette époque une charge totale d'environ 9 milliards qui pesait sur les Etats militaires et maritimes pour l'entretien de leurs forces de terre et de mer. Elle a sûrement augmenté depuis.

La question du désarmement ne figura plus sur le programme de la seconde Conférence de La Haye. Ce n'est pas à dire qu'elle y fut oubliée, car le président Roosevelt y fit allusion dans une lettre qu'il envoya au Congrès de la paix et les délégués américains se résolurent à reprendre la question, pensant que, même au cas très probable où elle n'aboutirait pas, cette entreprise aurait pour avantage de frayer la voie à de nouvelles tentatives qui, peut-être, seraient couronnées d'un meilleur succès.

A la Conférence même la question fut introduite par le délégué anglais, sir Edouard Fry, qui, proposa de faire quelque chose dans la voie de la limitation des armements maritimes, s'engageant de la part de son gouvernement à tenir tous les autres au courant des constructions qu'il aurait résolu de faire. Cependant rien ne put aboutir encore. On jugea que la question n'était pas mûre (le sera-t-elle jamais ?) et on se borna à souhaiter qu'elle puisse être abordée utilement dans un avenir prochain. Cette déclaration fut, paraît-il, accueillie par d'unanimes acclamations qui, à la vérité, s'expliquent mal, car ce n'était pas un succès que venait de remporter la Conférence.

La question du désarmement est, en effet, une question sans issue, et cela est d'autant plus douloureux que rien ne s'opposerait, matériellement au moins, à ce que l'armement des grandes Puissances fût ramené à ce qu'il était il y a deux siècles, ce qui constituerait déjà un soulagement précieux pour l'humanité. Mais la question du désarmement est liée de près à celle de la paix; or, précisément depuis que les Conférences de la paix ont déployé à La Haye leur inutile activité, les guerres ont été plus fréquentes et plus graves que jamais. A une époque où dans l'espace de moins de vingt ans, on a vu 4 ou 5 grandes guerres, parmi lesquelles la plus considérable de beaucoup à laquelle le monde ait jamais assisté, il serait imprudent de parler de désarmement, imprudent surtout de la part des Etats qui sont condamnés par leur situation à demeurer sous la menace perpétuelle d'une aggression. Proposer le désarmement à la France par exemple ou encore à la Belgique, cela s'appellerait trahir les intérêts de ces deux Etats. La France ne peut vivre avec quelque sécurité — et son sort à cet égard lui est commun avec la Belgique — que sous la protection d'une armée considérable; il lui faudrait aussi une flotte respectable, et sur ce point notre faiblesse actuelle fait naître de graves appréhensions. Que l'on ne nous parle donc pas de désarmement, le désarmement pour nous s'appellerait la ruine.

Il ne faut pas dire : désarmons et nous aurons la paix. Ce serait au contraire le plus sûr moyen d'avoir la guerre. Il faut dire : faisons d'abord la paix, une paix solide et durable, et quand nous la possèderons, nous désarmerons.

Ce qu'il importe de noter ici, c'est que la question du désarmement, n'a pris toute sa gravité que par suite du développement successif des institutions militaires à notre époque. Ce problème, en effet, était infiniment moins angoissant autrefois qu'aujourd'hui ; au XVIe, au XVIIe siècle, les armées se composaient surtout de mercenaires, à leur tête marchait la maison du roi, c'est-à-dire les corps formés par la noblesse du royaume ; quant aux simples citoyens ils étaient rarement appelés (c'était le ban et l'arrière ban) et lorsqu'ils étaient convoqués ils figuraient simplement dans des milices qu'on n'avait guère l'habitude d'envoyer sur les champs de bataille. Vattel, qui écrivait au milieu du XVIIIe siècle, note avec grande raison que l'époque à laquelle il appartient a vu ce grand progrès de la limitation de la guerre aux armées de métier. Mais ce progrès qu'il croyait acquis n'eut, hélas ! rien de définitif et des jours plus sombres ne tardèrent pas à se lever pour les Etats militaires.

Le XIXe siècle a vu sur ce point s'accomplir une transformation radicale, transformation qui, par une sorte d'ironie du sort, a été constamment liée au développement de ses institutions politiques. C'est un des exemples les plus nets que l'on ait de réaction du droit public intérieur sur l'état général de l'humanité. Plus les divers gouvernements ont prononcé le sens démocratique de leurs institutions, plus aussi le devoir militaire s'est étendu, accroissant de proche en proche le nombre des hommes qui s'y trouvaient soumis et arrivant en fin de compte à englober dans l'armée la totalité de la population masculine. Tel est le spectacle auquel l'Europe a assisté, et il faut convenir qu'il y avait là une loi fatale, car dès qu'un seul Etat prend le parti de grossir son armée et d'y faire entrer tous les hommes valides qu'il possède, les autres sont forcés de suivre son exemple, à peine de se vouer à une infériorité certaine. Ici la Prusse a donné l'exemple et tous les autres l'ont suivi. Ils y étaient obligés. La guerre de 1870 a été à cet égard d'un grand exmple. Il était impossible, je crois, de voir une armée meilleure que l'armée française au début de cette guerre, armée formée par la conscription, composée de gens ayant 7 ans de service et dont la vaillance s'était montrée sur nombre de champs de bataille. Dès le début de la guerre de 1870 cette excellente petite armée fut presque le même jour rompue et dispersée dans les combats de Forbach, de Wissembourg et de Reichshoffen. Ainsi du premier coup nous perdions la ligne des Vosges. Partout les causes de sa défaite furent les mêmes. La bataille une fois engagée les troupes qui nous étaient opposées grossissaient sans cesse, jusqu'au point d'écraser les nôtres de leur masse. Ajoutez à cela que le gouvernement français n'avait pas suivi d'un œil suffisamment attentif le développement de l'armement allemand et que notre artillerie était de qualité si inférieure qu'elle ne pouvait même pas répondre à l'artillerie adverse.

Cette démonstration se passe de commentaire.

A la suite de la guerre de 1870, la France a renouvelé son armement et augmenté son armée; elle est arrivée, dans la dernière guerre, à jeter toute sa jeunesse sur les champs de bataille.

On peut donc penser que, malgré tous les vœux exprimés à La Haye, la chance de voir diminuer le poids des armements n'a jamais été moins grande qu'elle l'est à présent, que ce poids est plus lourd qu'il ne l'a jamais été et qu'on ne voit comment il pourrait être diminué, surtout dans des pays continentaux exposés comme les nôtres à une agression qui peut à chaque instant menacer leur sécurité.

L'Angleterre, elle aussi, a reçu à ce point de vue une leçon sévère. Si cet Etat, trop confiant dans la supériorité de ses forces maritimes, n'avait pas négligé le recrutement de son armée de terre, il ne pleurerait pas en ce moment le million d'hommes qu'il a laissé sur les champs de bataille. Il est certain qu'une forte armée anglaise transportée en France et en Belgique au début des hostilités aurait rendu très critique la situation des armées allemandes et que, suivant toutes probabilités, celles-ci auraient subi sur la Marne un échec définitif. Mais à cette époque l'Angleterre ne possédait qu'une poignée de soldats.

On ne peut donc, en matière de désarmement, rien promettre de certain, on ne peut même rien espérer de considérable dans le sens de l'allègement des forces militaires; dans l'état d'instabilité où se trouve le monde cet allègement paraît impossible. Pourrait-on faire renaître les armées de métier? Nous ne le pensons pas. Si la paix était véritablement rétablie et durait depuis un grand nombre d'années, la question deviendrait sans doute moins chimérique qu'elle ne l'est actuellement; les nations, accoutumées à la paix, sentiraient plus vivement l'inconvénient de l'entretien d'un grand nombre d'hommes et les gouvernements souscrivant au vœu des peuples pourraient se prêter à quelque entreprise de désarmement. Mais ce sont là des perspectives éloignées, malheureusement les seules que l'on puisse ouvrir en la matière.

Le Traité de Versailles a dans ses articles 153, etc., entrepris de désarmer l'Allemagne en l'obligeant à ramener ses forces à des proportions très modestes. Cette tentative n'est pas la première qui ait été faite en ce sens, et on se rappelle le traité du 8 septembre 1808 qui réduisait pour 10 ans les forces de la Prusse à 42000 hommes. Scharnhorst et Gneisenau rendirent cette mesure vaine en réduisant à des délais très courts le temps de service, ce qui leur permit de donner une certaine préparation militaire à toute la jeunesse valide de leur pays. Pendant les guerres de 1813 et de 1814 la Prusse eut certainement plus de deux cent mille hommes sous les armes.

Réussira-t-on mieux cette fois? Il faut en douter.

Le Traité réduit l'armée allemande à cent mille hommes dont le service sera d'au moins 12 ans. Mais cent mille hommes bien exercés et aptes à faire soit des officiers soit des sous-officiers, peuvent facilement en cas de guerre encadrer deux millions d'hommes qui auront reçu une certaine instruction militaire dans les écoles et dans les sociétés de gymnastique ou de tir. L'Allemagne a dû détruire la plus grande partie de son matériel de guerre. Elle ne cesse pas d'en fabriquer de nouveau. Elle n'a plus d'aviation militaire, elle se servira de ses avions de commerce. Sa flotte de guerre est coulée, elle fabriquera des sous-marins.

Toutes ces précautions sont vaines et enfantines. Assurément ce n'est pas par de semblables moyens que l'on assurera la paix du monde, et la Puissance qui commettrait l'imprudence de désarmer, se fiant au désarmement de l'Allemagne, serait avant peu punie de sa crédulité.

Je ne puis pas ne pas mentionner, en parlant de désarmement, la Conférence qui se tient actuellement à Washington. Son objet est précisément le désarmement naval, qui est du reste considéré par beaucoup comme le prélude naturel du désarmement terrestre. L'idée est en l'air, cela est incontestable. Déjà dans le pacte de la Société des Nations, un texte, l'article 9, était consacré au désarmement. On y voyait que le conseil de la Société des Nations préparerait un plan de désarmement, que ce plan serait soumis aux Etats et que les Etats qui l'accepteraient (il semble bien qu'ils avaient la faculté de le repousser ou de l'accepter) devraient se tenir à la proportion des forces qu'ils auraient promis de ne pas dépasser, à moins d'obtenir du conseil de la Société des Nations l'autorisation d'augmenter leur armée ou leur flotte. En même temps des mesures restrictives graves étaient mises à la fabrication par les usines privées des armes et des munitions de guerre.

Sur ce point les prévisions du pacte de la Société des Nations sont restées sans application, et on ne peut que s'en féliciter car cette idée de rendre le conseil de la Société des Nations arbitre d'une question aussi urgente parfois que celle d'un accroissement de l'armement ne peut avoir germé que dans des esprits ennemis de toute réalité.

Ce sont donc les Etats eux-mêmes qui se sont réunis à Washington pour essayer du projet de désarmement. Il serait prématuré de parler des travaux de la Conférence de Washington puisque ces travaux sont à peine entamés. Si les nouvelles qui nous en viennent sont exactes, le projet proposé par l'Amérique et qui aurait les plus grandes chances d'être adopté consisterait à fixer d'une façon invariable la proportion entre les forces maritimes de l'Angleterre, à laquelle on laisserait, au moins momentanément la supériorité, des Etats-Unis qui viendraient en second lieu, et enfin du Japon.

Un projet ainsi construit est-il un projet de désarmement ? A la vérité nous ne le croyons point et nous le regardons plutôt comme un partage d'influences. Pour dépouiller les choses de l'appareil sous lequel on les présente d'habitude et pour les voir dans leur nudité, disons que les trois Puissances dont il s'agit se sont partagé l'empire des mers, l'Angleterre prenant, à cause du nombre de ses possessions et aussi à cause de ses traditions, la plus grosse part. Ce n'est point un désarmement cela, c'est une répartition de l'impérialisme maritime, car en même temps que l'on fixe les forces des trois grandes Puissances maritimes, on les tient assez haut pour qu'aucune autre Puissance ne vienne dans le domaine qui leur est assigné les contrecarrer. Il y a donc là un impérialisme combiné dont le pouvoir et la fonction sont répartis entre plusieurs nations, et cela n'est certainement pas un désarmement.

Ce n'est pas un désarmement parce que cela n'empêchera pas les guerres navales même les plus funestes et les plus étendues et aussi parce que cela, d'une façon presque fatale, conduira à des heurts et à des conflits entre ces impérialismes rivaux.

Il vous reviendra à l'esprit, Messieurs, que dans certains traités anciens notamment dans ceux que les Romains passèrent avec les Carthaginois (Grotius, l. II, ch. 3, § XV), on trouve déjà des tentatives de partage de l'empire des mers. Elles n'ont aidé en rien au maintien de la paix. Nous craignons de même que ce prétendu procédé de désarmement n'empêche pas les querelles entre les grands Etats qui se sont ainsi partagé l'empire des mers et que les prévisions établies à Washington ne soient, au bout d'un temps plus ou moins long, renversées par l'évènement de quelque grande guerre maritime qui ruinera l'équilibre que l'on a voulu établir.

Je note aussi la chance qu'il y a, car elle existe toujours, pour que l'une des Puissances intéressées augmente secrètement ses disponibilités, soit en construisant plus qu'elle ne devrait, soit, ce qui est peut-être plus facile, en se procurant des armes nouvelles et dont il n'a pas été question dans le traité.

L'inexécution de ces conventions de désarmement est en effet l'un des échecs auxquels elles viennent immanquablement se heurter, le précédent de Tilsitt et du désarmement de la Prusse l'a montré.

Cet exemple ne devrait pas être perdu, et lorsqu'on procède

dans la voie du désarmement la plus grande prudence est de rigueur ; mais la prudence elle-même n'est pas toujours suffisante en cette matière et souvent une abstention pure et simple est nécessaire. Si la Belgique ou la France consentaient à désarmer en ce moment, elles seraient perdues. Nous désarmerons quand nous serons sûrs du lendemain.

NEUVIÈME LEÇON

La Société des Nations

L'institution d'une Société des Nations peut être considérée comme le dernier terme de l'évolution de la lutte poursuivie contre la guerre. Il est évident en effet que s'il existait entre les nations civilisées une société organisée ayant son administration, sa justice, et son armée, aucune occasion de guerre ne naîtrait plus, car cette Société aurait, dans sa compétence, le règlement de toutes les affaires communes dont un conflit armé peut quelquefois sortir.

La campagne qui a été menée par les philosophes et les publicistes contre la guerre est, on peut le dire, aussi vieille que le monde lui-même ; nous avons des projets de paix perpétuelle qui remontent à la Grèce, le moyen âge nous en a fourni; quant à ceux de l'époque moderne c'est à peine si l'on peut les compter. De nos jours trois moyens ont été spécialement dirigés vers l'abolition de la guerre. On a inventé à cet effet les traités d'arbitrage permanent, l'arbitrage obligatoire et enfin la Société des Nations.

On appelle traités d'arbitrage permanent des conventions faites entre Etats dans lesquelles, ceux-ci prévoyant les difficultés qui peuvent naître entre eux, se promettent de ne point prendre les armes pour la défense de leurs droits et s'en remettent à des arbitres qu'ils choisiront de la solution de ces conflits. — L'origine première de ces traités est très ancienne, et dans les traités de paix remontant au moyen âge on rencontre déjà des clauses compromissoires. C'était presque un article de style dans les accords de cette sorte, de dire que s'il vient à s'élever quelques difficultés touchant l'exécution du traité, ces difficultés ne seront pas résolues par la voie des armes mais bien par le recours à des prudhommes qui les décideront.

C'est plus tard, et dans le courant du XIXe siècle seulement, que l'on a entrepris de rédiger des traités spéciaux ayant ce même objet, les traités d'arbitrage permanent ; vers la fin de ce siècle ces instruments se sont beaucoup multipliés, quelquefois même il est arrivé que leur conclusion a été très laborieuse : ainsi en a-t-il été du traité passé entre la France et l'Angleterre. — Malgré ces difficultés, la cause de ces traités a fini par être gagnée et il n'est pas d'Etat actuellement existant qui n'en ait signé plusieurs.

Remarquons que ces traités ne sont pas le plus souvent que des traités généraux ; ils définissent d'habitude les difficultés sur lesquelles il est entendu que l'on procèdera par voie d'arbitrage ; ils sont faits surtout en vue des conflits d'ordre juridique et de ceux qui peuvent naître de l'interprétation des traités, conflits considérés par les auteurs de ces actes comme spécialement susceptibles d'être résolus judiciairement. Je n'ai jamais bien compris les raisons de cette préférence.

Lorsque l'on eut réussi à conclure des traités d'arbitrage permanent, de grandes espérances furent conçues et certains crurent véritablement que, grâce à ce mode nouveau d'union entre les nations, les guerres ne pourraient être que plus rares et plus difficiles à poursuivre. Il a fallu en rabattre, car ces traités n'ont eu absolument aucun effet et quoiqu'ils subsistent encore en théorie, on ne les compte plus pour rien. Disons plus. Pratiquement on n'en a jamais fait aucun cas.

Pourquoi les traités de ce genre ont-ils manqué l'objet en vue duquel ils avaient été écrits ? — Cet échec à mon avis a deux causes, dont l'une vient des clauses mêmes de ces conventions, l'autre de l'imperfection des arbitrages organisés ou plutôt promis de cette façon.

Les conventions d'arbitrage ne s'appliquent pas indifféremment à tous les cas de conflits rentrant dans les formules générales de la convention ; les textes contiennent toujours une réserve visant les conflits qui intéresseraient l'honneur, les droits fondamentaux, ou l'existence même d'une nation ; c'est une réserve qu'il a fallu faire pour arriver à conclure ces traités, et du reste on ne voit pas qu'un pays puisse accepter des obligations où cette réserve ne figurerait pas. On aperçoit immédiatement la faiblesse qui en résulte pour les traités eux-mêmes. — Qui appréciera dans chaque cas si l'honneur ou les droits fondamentaux de la nation sont engagés ? C'est le gouvernement lui-même, et comme sur ce point aucune règle fixe ne vient limiter la liberté de chacun, il dépendra donc de tout Etat peu disposé à se prêter au procédé de l'arbitrage de se soustraire à l'obligation par lui souscrite simplement en alléguant qu'à son avis son honneur est engagé, ou bien encore les droits qui lui sont essentiels.

On a parfois essayé de remédier à ce défaut en faisant trancher par un tiers la question de savoir si la réserve entre en jeu, mais ce procédé n'est pas pratique. Il ne me semble pas en effet qu'un Etat puisse se dessaisir de son droit d'appréciation sur un point aussi grave.

Les mêmes actes ont un autre défaut. Ils décident que certaines catégories de litiges, quelquefois nombreuses et amples, seront soumises à l'arbitrage ; mais cela n'est pas tout, et un litige de ce genre venant à se présenter, il faudra encore, avant que l'instance puisse avoir lieu, rédiger un compromis dans lequel on désignera et les arbitres et les circonstances dans desquelles leur jugement interviendra. Or il apparaît clairement que cette conclusion du compromis pourra être elle-même la source de difficultés nombreuses et surtout qu'elle offrira à celle des parties litigantes qui ne se résignerait qu'avec peine à l'admission de l'arbitrage, une quantité de prétextes pour éluder son obligation.

Ici encore on a imaginé le moyen de faire faire le compromis par un tiers. Cela n'est pas impossible ; cela cependant se fera rarement.

Ces deux défauts ont ruiné pratiquement l'institution des conventions d'arbitrage et il est remarquable que durant la dernière guerre aucune mention n'ait été faite des traités de ce genre, quoique bien des nations belligérantes fussent liées par des conventions de cette sorte et que dès lors l'application de ces conventions cette application fût possible ; cette application apparut tellement improbable qu'elle n'a même été demandée par personne.

En même temps que se multipliaient les traités d'arbitrage permanent, les Conventions de La Haye, particulièrement la seconde, travaillaient à faire recevoir dans la communauté des Etats civilisés l'institution de l'arbitrage obligatoire. C'est, en effet, la question centrale du sujet. A quoi bon organiser un arbitrage et donner aux intéressés toutes les facilifés de l'utiliser s'il dépend toujours de la volonté de ceux-ci de profiter de cette institution ou, au contraire, de la repousser? Le succès de l'arbitrage comme moyen d'assurer la paix du monde dépend dans une large mesure d'une transformation progressive de l'arbitrage purement volontaire et accidentel, tel qu'il a existé jusqu'ici, en arbitrage obligatoire dans des cas de plus en plus nombreux. — Evidemment, au début, ces cas ne seront pas très fréquents, et il est prudent de les choisir parmi les litiges ayant l'importance la moindre. C'est ce qu'avait fait la Conférence de 1907, où cette question a été particulièrement étudiée. On peut même dire que ce n'est pas sans un certain étonnement qu'on lit la liste des cas auxquels on proposait d'abord d'appliquer l'obligation de l'arbitrage, car cette liste ne comprenait que des litiges pour lesquels jamais une Puissance ne tirera l'épée, telles que les conventions sanitaires ou celles qui sont faites pour lutter contre le phylloxera, les conventions relatives aux salaires des marins, et autres traités de ce genre d'une importance minuscule au regard des Etats qui les signent. Malgré cette grande modestie, qui était habile mais qui tout de même compromettait un peu la cause de l'arbitrage obligatoire en rendant le succès de la proposition assez insignifiant, l'arbitrage obligatoire ne put pas triompher à la Conférence de 1907. On a accusé de cet échec l'Allemagne et l'Autriche, puissances qui se prononcèrent en effet contre cette institution. Je ne leur en ferai pas de reproches, car en prenant cette position, elles n'ont pas fait autre chose que d'exprimer directement et ouvertement ce qui, au fond, était le sentiment de tous; on l'a bien vu lorsque les délégués ont été appelés à voter sur les cas d'arbitrage obligatoire qui leur étaient proposés; tous ces cas, ou presque tous, ont obtenu la majorité, mais aucun d'eux n'a jamais approché de l'unanimité et l'on a vu ainsi par ces votes que le sentiment de la nécessité de l'arbitrage obligatoire et surtout la croyance à sa possibilité n'existaient pas dans l'esprit des représentants accrédités à La Haye.

Rien ne fut donc fait dans cette voie. La Conférence, avant de se séparer, voulut au moins dire quelque chose et, adoptant une motion de M. Tornielli, elle se déclara unanime à penser que certains différends, notamment ceux relatifs à l'interprétation et à l'application des stipulations conventionnelles internationales, sont susceptibles d'être soumis à l'arbitrage obligatoire sans restriction, mais elle ajoutait que s'il n'avait pas été donné de suite à ces principes, du moins la divergence révélée n'avait pas dépassé les limites d'une controverse juridique et que les Puissances, en étudiant cette question, étaient arrivées à se comprendre et à se rapprocher davantage et à dégager de leur commune collaboration un sentiment très élevé du bien commun de l'humanité.

Disons, Messieurs, qu'une déclaration semblable appartient à la pire littérature des Congrès : des mots vides et sonores, arrangés pour masquer une défaite et qui en réalité ne la rendent encore que plus apparente.

Dans la même Conférence de 1907 l'idée avait été proposée par l'Allemagne de la création d'un tribunal international véritablement permanent; cette idée fut abandonnée à cause des difficultés que révéla la composition du personnel de ce tribunal; elle vient d'être reprise par la Société des Nations.

Sans doute l'échec des moyens que l'on avait imaginés à la fin du XIXe siècle pour écarter les dangers de guerre pesant sur l'Europe a été pour beaucoup dans l'adoption, par les rédacteurs du traité de Versailles et des instruments analogues, de leur plan de Société des Nations. On peut dire que leur initiative sur ce point a été inattendue, car on ne jugeait pas les hommes d'Etat assez utopistes pour s'arrêter à une pareille conception. Sans doute des études préparatoires avaient été faites, mais qui n'avaient jamais dépassé le cabinet de ceux qui les poursuivaient, et ce fut à l'improviste que, dans un traité de paix qui semblait destiné à contenir tout autre chose, on lut d'abord et en tête de l'instrument la charte d'une Société des Nations.

Cette idée est plus large et d'une plus grande portée que celle de l'arbitrage obligatoire ou des Conventions d'arbitrage permanent. Ses auteurs ont pensé que des réformes d'une portée moindre ayant échoué, cette réforme plus vaste et plus difficile avait des chances de succès. L'avenir les jugera eux-mêmes. Vous savez tous que des tentatives très nombreuses furent faites autrefois en ce sens, dont la plus célèbre est restée celle de l'abbé de St-Pierre, tentatives allant de la simple confédération que prônait Kant, jusqu'à la distribution de l'Europe en Etats nouveaux et égaux entre eux comme le voulait le projet de Henri IV, et instituant toujours un ou plusieurs organes qui étaient destinés à conserver la paix entre les Nations. Mais ces projets avaient été considérés comme de simples rêveries et jamais aucune tentative sérieuse n'avait été faite pour les mettre à exécution.

La première constitution officielle d'une Société des Nations est donc celle que nous trouvons dans le traité de paix de Versailles et dans les traités postérieurs. Cette société aura-t-elle un meilleur succès que ses aînées? Il est permis d'en douter, et quant à moi je n'en crois rien. Mais laissons de côté ses chances de succès et voyons seulement comment cette société des Nations a été organisée par ses auteurs.

Une Société des Nations suppose nécessairement un plan d'organisation du monde. Comme il ne peut pas être question de supprimer les Etats existants, tout projet de ce genre consiste à les réunir en une sorte de fédération au-dessus de laquelle est placé un organisme supérieur habile à commander aux Etats particuliers dans la limite du pacte intervenu entre eux, habile également à faire procéder à l'exécution de ses arrêts. Une Société des Nations va plus loin qu'une simple juridiction arbitrale, mais elle comprend nécessairement une juridiction arbitrale qui en est la partie essentielle, celle qui concentre tout l'esprit dont le projet s'anime. Une société pareille peut avoir une force collective ou en être démunie, mais dans ce dernier cas elle doit pouvoir compter, mieux qu'un suzerain ne pouvait l'attendre jadis de son vassal, sur la collaboration des Etats particuliers pour l'exécution des commandements et des arrêts qu'elle sera amenée à porter dans la limite de ses pouvoirs. Ce dernier point est précisément un des plus délicats qui existent dans la construction d'une Société des Nations. La laisser sans force exécutive spéciale, c'est l'affaiblir et réduire son autorité à peu près à néant. On comprend bien, en effet, que la mise en mouvement des forces particulières des membres de la Société est quelque chose de lent et de difficile, et que bien souvent l'évènement que l'on voulait empêcher sera accompli avant que les armées à réunir pour s'y opposer aient pu être appelées. — Mais, par contre, donner une force exécutive à une Société des Nations et concentrer autour d'elle et sous son commandement une armée nécessairement très considérable, obéissant au général qu'elle aurait nommé, comme le voulait le projet de l'abbé de St-Pierre, c'est s'exposer à d'autres inconvénients qui ne le cèdent guère en gravité aux précédents, car, que restera-t-il aux Etats de leur indépendance s'ils désarment au profit de la Société des Nations? Et s'ils ne consentent pas à ce désarmement, comment supporteront-ils le fardeau de la contribution qu'ils devront donner aux forces de la Société et de la force armée qu'ils garderont pour eux-mêmes ?

Sur ce point central le projet a adopté le premier de ces deux partis. La Société des Nations, telle qu'elle existe en vertu du Traité de Versailles, n'a pas de force publique qui lui appartienne en propre. Du reste ses attributions sont extrêmement nombreuses, on les a multipliées au point qu'il n'est pas difficile de deviner que l'on n'a agi ainsi que pour obliger des Etats hésitants à adopter le projet de Société. Il fallait, en effet, ou renoncer au traité lui-même, comme l'Amérique n'a pas hésité à le faire, ou, en l'acceptant, subir la tutelle de la Société des Nations. C'est ainsi que la Société des Nations a conféré des mandats coloniaux dont l'avenir nous semble encore bien incertain, qu'elle s'est réservée d'intervenir dans le désarmement projeté, quoique, à la vérité, il semble que, si ce désarmement est jamais fait, ce n'est pas par elle qu'il se fera, et que, quant à l'exécution du traité de paix, dans de très nombreux cas c'est à ses agents qu'il appartient d'y procéder.

Pour ce qui nous concerne, nous remarquerons que l'occupation du bassin de la Sarre a été placée sous l'autorité de la Société des Nations, ce qui déjà par soi était une très mauvaise chose, car la France occupante supporterait difficilement dans les conflits qu'elle peut avoir à soutenir sur ce point l'immixtion d'une autorité différente de la sienne.

La Société a sagement agi en nommant sur ce territoire un haut commissaire français, il serait presque impossible qu'il en fût autrement, mais alors on se demandera pourquoi on n'a pas réservé à la France elle-même la nomination de ce haut Commissaire ?

L'énumération des hypothèses nombreuses dans lesquelles il y a lieu à intervention de la Société desNations nous conduirait beaucoup trop loin, disons plutôt pourquoi, malgré les précautions prises pour son succès et cette sorte de « compelle intrare » sous l'égide de laquelle elle a paru parmi nous, la Société demeure très discutée et pourquoi nombreux sont ceux qui pensent que cette création, plus étrange qu'utile, n'a aucun avenir devant elle. J'appartiens très résolument à ce parti, car je crois voir des quantités de raisons pour lesquelles le succès pratique de la Société des Nations est radicalement impossible.

C'est une institution très compliquée. Ellc comprend un conseil de quelques membres, qui en constitue l'élément le plus actif, et une assemblée générale dans laquelle siègent naturellement les représentants de tous les Etats compris dans cette Société, c'est-à-dire des gens qu'il faut faire venir du bout du monde. Cette constitution des organes de la Société est tout-à-fait vicieuse; nous y trouvons deux organes dont l'un manque de l'autorité nécessaire et dont l'autre, plus compétent, ne pourra que très difficilement intervenir. Un conseil de quelques membres n'a pas le prestige qu'il faut avoir pour trancher les grandes questions qui séparent les Etats ; or ces questions s'élèvent très vite et dégénèrent aussi vite en guerre ouverte; il est vain de songer, dans des circonstances semblables, à remuer la lourde machine de l'assemblée de la Société des Nations, et quant aux suggestions du conseil, il paraît bien certain qu'elles manqueront de l'autorité qu'il faudrait avoir. Des souverains conscients de leurs responsabilités n'admettront pas facilement que leur conduite leur soit dictée par quelques délégués qui n'ont certainement pas reçu la formation qu'ils possèdent eux-mêmes et qui, chose plus grave encore, ne seront nullement responsables des suites que leurs résolutions pourront avoir. Et cette observation s'appliquera de même aux membres du conseil. Des politiques éminents, des savants très versés dans leur art, des orateurs remarquables — c'est à ces diverses sources que fera appel la Société des Nations — sont, pour la compéteuce, bien inférieurs aux chefs d'Etat eux-mêmes ; il leur manque cette habitude quotidienne du maniement des affaires qui est essentielle à l'homme d'Etat. Mais, alors même que rien ne leur manquerait du côté de l'expérience, l'institution ne serait pas moins digne de reproche ; les membres du conseil n'ont pas l'indépendance nécessaire à l'exercice de fonctions semblables, étant délégués respectivement par les Etats auxquels ils appartiennent, ils sont tenus de suivre les instructions qu'ils en reçoivent, et il résulte de là que l'institution de cet organe, loin d'enlever les choses internationales à la politique pour les verser dans le domaine du droit, comme ce serait souhaitable, ne fait que les transporter sur un plan politique différent; ce sont autant de formules creuses. Ce qui est sûr, c'est qu'il se formera certainement dans le sein de la Société des Nations des courants politiques, des influences, des prépondérances, qui s'opposeront à ce que les grandes affaires qui y seraient traitées soient décidées avec l'impartialité nécessaire. Un chef d'Etat sentira nécessairement qu'il est contraire à son devoir de déléguer à des tiers irresponsables la décision de questions d'où peut dépendre la vie ou la mort de son pays; c'est à lui qu'appartient la responsabilité de l'action, c'est à lui que doit appartenir aussi la décision.

La Société des Nations a naturellement, sinon le caractère d'une juridiction arbitrale, du moins la mission de favoriser les arbitrages. L'arbitrage sous ce nouveau régime demeure en principe facultatif; cependant les auteurs du covenant ont adopté sur ce point un moyen terme dont il est difficile dès à présent d'apprécier la valeur : ils admettent qu'en cas de différend, une seule des parties engagées dans la contestation peut demander l'avis du conseil de la Société, et que, si ce conseil se prononce à l'unanimité des voix son avis devient obligatoire pour les intéressés, par conséquent même pour celui qui n'a pas sollicité l'avis du conseil. Ce serait bien là un cas d'arbitrage obligatoire, introduit d'une façon indirecte, avec tous les inconvénients qu'il comporte et sans la garantie d'une procédure judiciaire régulière.

Jamais jusqu'ici, à notre connaissance, le conseil n'a été appelé à exercer ce droit. La question de l'interprétation du plébiscite en Haute-Silésie lui a été soumise mais à titre de consultation seulement, et nous savons que son avis n'a reçu jusqu'ici aucune exécution. Il est peu probable que cette obligation particulière ait de nombreux cas d'application; quant à l'arbitrage lui-même il reste facultatif comme il l'était dans le passé, comme il le sera toujours.

La fonction principale de la Société des Nations doit être, comme autrefois celle de la Sainte Alliance, de donner une garantie complète aux Etats et de les confirmer ainsi à jamais dans leurs possessions. Tel est l'objet de ce fameux article 10 qui fut la cause principale de l'échec de la procédure de ratification du traité aux Etats-Unis. On ne peut pas se passer d'une clause semblable, car si les Etats abdiquent une part de leur indépendance en faveur d'un organisme supérieur, la Société des Nations, c'est sans doute dans le but d'obtenir une sécurité complète. La Société des Nations, telle qu'elle a été organisée dans le Traité de Versailles, peut promettre cette garantie; peut-elle assurer qu'elle sera tenue? En aucune façon. Elle n'a pas de forces qui lui soient propres, et même si elle en avait, elle ne pourrait pas assurer que ces forces fussent toujours à la hauteur d'un pareil devoir. Puis cette garantie est véritablement bien imprudente, ; le monde a vécu au milieu de transformations continuelles; il est chimérique de penser que, à un moment donné, par l'effet d'un simple contrat, ces transformations s'arrêteront pour faire place à une consolidation perpétuelle des positions existantes. L'abbé de St-Pierre n'était pas plus téméraire lorsqu'il disait que les rapports des puissances de l'Europe seraient perpétuellement régis par les dispositions du Traité d'Utrecht.

La Société des Nations a été introduite dans le traité de paix sur le fondement de cette idée qu'après la guerre de 1914 aucune autre guerre ne pouvait avoir lieu et qu'il fallait organiser le monde pour la paix. C'est une grande utopie, et c'est en effet dans le Royaume d'Utopie que le Traité de Versailles nous transporte malgré nous. On ne peut juger l'avenir que par le passé. Le passé nous montre que des guerres, si longues et si cruelles soient-elles, n'ont jamais déterminé le monde à se ranger au parti de la paix perpétuelle.

Actuellement, moins encore que dans d'autres temps, cette éventualité paraît probable car les causes de conflit sont graves et nombreuses et l'on ne voit pas comment on les résoudra.

La prudence la plus élémentaire s'oppose à ce que l'on accorde le moindre crédit aux innovations dues à l'esprit inventif du président Wilson.

Nous nous bornerons à souhaiter que la Société des Nations ne soit pas elle même la cause de l'un de ces conflits qu'elle est destinée à écarter.

DIXIÈME LEÇON

Le droit des peuples à disposer d'eux-mêmes

Le droit des peuples à disposer d'eux-mêmes est certes l'invention la plus considérable qui soit due aux derniers grands évènements politiques, invention téméraire du reste et périlleuse, il est aisé de le montrer.

Le principe ancien était qu'un peuple reste attaché à la terre sur laquelle il vit et qu'à défaut d'une autorisation du seigneur, les habitants de cette terre ne peuvent pas la quitter. — Ce principe fut considéré non sans raison comme un signe de servitude et il disparut par le progrès de la civilisation. La condamnation dont il a été l'objet n'était point sans fondement ; cependant on n'a pas aperçu que dans ce principe il y a un élément considérable de vérité. La vérité, c'est qu'une famille ne demeure vivace qu'autant qu'elle est fixée au sol et que pour le bien de l'Etat, il est nécessaire que l'adhérence de la population et du sol se maintienne aussi constante que possible. On se rappelle que lorsque les Lorrains émigraient en 1871 pour ne point devenir allemands, le grand évêque de Metz, Monseigneur Dupont des Loges, recommandait au contraire à ses diocésains de rester ; l'avenir a prouvé que cette recommandation était sage et bien inspirée.

Le principe du rattachement de l'homme au sol était sans doute trop absolu et de nature à devenir véritablement tyrannique, aussi de bonne heure a-t-on cherché à le rendre plus simple en lui faisant subir certaines exceptions, exceptions nées en réalité de l'idée très juste du respect de la liberté humaine.

Tout d'abord ce fut pour les personnes le droit de se choisir un autre domicile et, on le remarquera, aussi tôt que les principes rigoureux du droit féodal ne demeurèrent plus en crédit, il devint de droit commun pour toute personne de pouvoir rompre son attache avec le sol si elle le désirait ; elle le faisait en se choisissant un domicile nouveau. Puis un principe de droit international apparut vers la fin de l'ancien régime, qui est déjà une manifestation plus marquée de cette réserve introduite dans l'intérêt de la liberté humaine. Dans les annexions on reconnut à l'habitant du sol annexé qui, normalement, devait changer d'allégeance, la faculté de garder sa nationalité en suivant une voie indirecte qui était précisément celle du changement de domicile. Ainsi dans cette hypothèse particulière le changement de domicile de l'habitant du sol annexé avait pour résultat de lui permettre de se soustraire aux conséquences les plus graves de l'annexion. Le plus souvent ce changement de domicile devait être accompagné de la vente des immeubles possédés par l'émigré sur le territoire annexé.

Dans les traités plus récents et sous l'empire du droit nouveau, cette liberté de demeurer fidèle à sa nationalité ancienne, alors même que le sol sur lequel on a vécu passe sous une autre domination, a engendré le droit d'option, institution juridique un peu plus complexe, mieux réglementée également que ne l'était autrefois le simple changement de domicile.

Dans tous les traités d'annexion conclus au XIXe siècle on voit consacrer ce droit d'option grâce auquel des habitants qui, normalement, devraient, par l'effet du traité d'annexion, changer de nationalité, acquièrent l'avantage de demeurer s'ils le désirent sujets de la souveraineté sous laquelle ils avaient vécu jusque là.

Voici donc une première évolution du droit, évolution déjà considérable et que l'on peut regarder comme un attribut légitime de la liberté de l'homme; mais la faculté qui en émane garde son caractère privé et ce fut par un nouveau progrès que ce droit passa du mode individuel au mode collectif. Ce passage s'effectua grâce à l'introduction de la théorie du plébiscite dans l'annexion.

La théorie du plébiscite dans l'annexion consiste à faire dépendre la validité d'une annexion du consentement de la population du sol annexé, consentement qui se révèle par l'organisation du plébiscite. Le plébiscite, ici, ce n'est point l'annexion elle-même, c'est plutôt une ratification de l'annexion de la part de la population intéressée. A la vérité, à aucun moment la théorie du plébiscite n'a été revêtue d'une autorité générale, et même dans le traité de paix de Versailles où elle a reçu cependant ses plus nombreuses applications, elle n'est pas reçue sans exceptions. C'est ainsi que l'Alsace-Lorraine est revenue à la France en dehors de tout plébiscite, de même qu'elle en avait été détachée. Pareillement le démembrement de l'Autriche a été effectué par le traité de Saint Germain sans consultation préalable des populations intéressées.

Au point de vue de la théorie, l'introduction du plébiscite dans cette matière a fait naître une controverse considérable et dans la discussion de laquelle je me garderai bien d'entrer, qu'il me suffise de noter que les adversaires du plébiscite, dont Stoerck est le plus connu, objectent à cette façon de faire que dans tout pays la population est représentée au point de vue international par son gouvernement et que par suite, dès que les gouvernements des pays intéressés se sont mis d'accord pour négocier une annexion, cette annexion est valable quant à la population, qui doit en subir l'effet sans qu'il y ait de consentement à lui demander à cet égard.

Les partisans du plébiscite répondent à cette objection que l'acte, par son importance, mérite bien d'être accompagné d'une consultation de la population cédée et que, si, en général, il est vrai qu'une population est représentée dans les relations internationales par le gouvernement dont elle dépend, il est vrai aussi que cette règle, pour s'appliquer, suppose la population placée sous l'autorité du dit gouvernement. Or, comme dans une annexion, le devoir d'obéir cesse au moment où la séparation se produit, ce n'est donc pas sur ce devoir que l'on peut fonder la légitimité de cette séparation.

En fait, des plébiscites assez nombreux ont eu lieu. Quelques-uns, d'une importance médiocre comme le plébiscite de l'île St-Barthélemy, ont passé sans être observés. D'autres, au contraire, ont été fort discutés. Le seul qui ait été à notre avis absolument indiscutable est celui de la Savoie et du Comté de Nice en 1860. — Toutes les autres applications qui en ont été faites ont soulevé des objections. Les plébiscites italiens sont généralement considérés comme ayant été une simple comédie; quant au plébiscite dont le Danemark devait bénéficier d'après le traité de Prague de 1866, on sait que l'Allemagne ne l'organisa jamais et que, par un accord de 1878 avec l'Autriche, elle finit par s'en faire dispenser. C'est seulement depuis la défaite de l'Allemagne que ce plébiscite a pu avoir lieu.

Dans les traités de paix, de très nombreux plébiscites sont organisés. En dehors du plébiscite danois que nous venons de rappeler, il y a le plébiscite Haut-Silésien, le plébiscite de Klagenfurth, celui de la Sarre qui aura lieu après un délai de 15 ans, etc. — Ces plébiscites — au moins autant que les évènements actuels peuvent nous instruire — ne constituent pas une recommandation bien puissante en faveur de ce moyen politique. On a vu tout récemment à l'occasion du plébiscite de la Haute Silésie, lequel présentait une réelle importance, la fraude et la violence se combiner pour essayer d'agir sur le vote et même pour en fausser le résultat. — Ceci est très remarquable et nous n'oublierons pas cette leçon.

Nous voyons par là quelles difficultés il y a à faire régner un peu de justice dans les rapports mutuels des nations. Rien ne semble, à priori, plus légitime qu'un plébiscite. Donner la parole à la population si directement intéressée à une annexion est bien un acte de justice élémentaire, et cependant, en fait, cette décision n'a pas été respectée et les intéressés ont usé de toutes leurs forces pour substituer à l'expression impartiale de la volonté des populations intéressées la solution que chacun d'entre eux considérait comme la plus favorable à ses intérêts. Ces manifestations fort regrettables ne doivent pas être passées sous silence car elles nous montrent combien le monde actuel est encore éloigné de l'idéal de justice vers lequel on voudrait le guider. Ajoutons cependant que si l'on réservait le droit de vote aux seules personnes ayant des attaches anciennes et sérieuses avec le sol, et si l'on faisait du plébiscite non pas l'acte d'un jour mais une opération de longue durée (comme dans le cas d'Eupen et de Malmédy) le scandale d'un vote dominé par la violence ou abusé par la fraude serait beaucoup plus rare.

Remarquons que dans la théorie des plébiscites le consentement de la population intéressée n'est demandé et donné que sur le point de savoir si elle veut bien changer de nationalité ; ce consentement même n'a lieu de se manifester que si préalablement un traité d'annexion a été signé. L'initiative donc appartient aux Etats, et c'est lorsqu'ils se sont mis d'accord sur la convenance d'une annexion que la théorie du plébiscite intervient à l'effet de faire ratifier cette annexion par la population intéressée. — Jusqu'ici, du reste, les plébiscites ont toujours confirmé les annexions qu'ils venaient compléter; on n'en a pas vu qui en aient fait échouer et c'est pour cela que bien des esprits se refusent à prendre au sérieux cette innovation.

Le droit des peuples à disposer d'eux-mêmes, qui est un nouveau pas fait dans la même voie, est infiniment plus large et d'une portée autrement sérieuse.

Ce droit ne suppose pas de traité préexistant organisant une annexion; il ne constitue pas seulement un agrément à donner ou à refuser à un instrument de ce genre, il va beaucoup plus loin, il est plus direct, plus absolu et donne à un peuple le droit pur et simple de disposer de lui-même, c'est-à-dire de rompre s'il lui plait son allégeance antérieure, soit pour s'unir à un autre peuple déjà constitué en Etat, soit — ce qui sera pratiquement plus fréquent — pour former un Etat nouveau.

Il est certain que les exemples d'annexion de territoire entre deux Etats ou encore de formation d'Etats nouveaux ne sont point rares dans l'histoire, mais jamais jusqu'à ce jour on n'avait reconnu aux peuples le droit de procéder de leur plein gré et à leur fantaisie à ces graves modifications.

Ce que l'on peut attendre de là est facile à voir, et nous le dirons immédiatement.

Si ce droit du peuple à disposer de lui-même est véritablement mis en pratique — et nous croyons nous rappeler qu'il a fait reculer la Société des Nations elle-même à l'occasion du sort des îles d'Aland — c'est l'instabilité installée à demeure dans le monde entier. Tous les changements deviennent possibles, à tout instant ils peuvent se produire, de là un désordre permanent dans le monde politique et, on peut l'affirmer hardiment, des promesses de guerres sans fin.

Ce droit des peuples à disposer d'eux-mêmes, sorti tout armé, on peut le dire, du cerveau du président Wilson, soulève des questions ardues auxquelles le Traité de Versailles n'a pas répondu. — D'abord, qu'est-ce qu'un peuple ? Qui peut le dire ? — Un peuple devrait rationnellement se différencier des autres par la race des hommes qui le composent. Comment reconnaître la race après des croisements sans nombre? Cela est évidemment impossible. Tous les hommes habitant l'Europe appartiennent à des races mêlées. Et à défaut de la race, quel autre signe adopter ? — On a parlé de la langue, des mœurs, de la religion, du costume même ; aucun de ces signes n'est concluant, il n'en est aucun auquel on ne puisse adresser des objections péremptoires. Dans la péninsule Balkanique elle-même où la lutte des races est spécialement ardente, on ne possède aucun moyen sûr de différencier les populations qui l'habitant. Dans l'embarras où l'on se trouvait, on a quelquefois essayé de réduire le problème à une vague conscience de la nationalité, mais alors on tombe dans la logomachie et les mots ne sont pas des choses. Ou bien, si ce problème de la définition du peuple est véritablement impossible à résoudre, il faudra revenir à la pratique qui nous fait considérer un peuple dans toute population d'un Etat et seulement dans la population d'un Etat. Mais alors la question du droit de disposer de lui-même disparaît ; le peuple pris comme population d'un Etat perd tout droit dans une pareille hypothèse à former un Etat nouveau.

On a négligé de nous dire dans quels cas un peuple peut changer ainsi ses destinées, soit pour s'adjoindre à un autre peuple soit pour se rendre libre. Nous ne savons rien là dessus, c'est donc qu'à tout moment un pareil changement est possible, qu'il n'est jamais interdit de même qu'il n'est jamais commandé. Nous ne savons pas davantage si à l'exercice de ce droit véritablement fondamental certaines conditions doivent être mises, notamment quant aux majorités nécessaires, car il serait bien grave que le consentement de la majorité numérique sur un point de cette importance pût fixer le sort de la minorité et que celle-ci entrât dans une communauté nouvelle simplement parce qu'elle aurait manqué de quelques voix pour s'opposer à ce changement. — Sur ce point encore on ne sait rien, et jusqu'à ce qu'on sache quelque chose il faut bien reconnaître que ce droit des peuples à disposer d'eux-mêmes demeure une théorie vague, incertaine, et par là même pleine de dangers. Le Tyrol, par exemple, pourra par un plébiscite se relier à l'Allemagne, mais le lendemain de ce plébiscite, que deviendra l'Italie ?

Quel sens raisonnable peut-on attribuer à un droit pareil ? A notre avis, seulement celui-ci : Lorsqu'un groupe d'hommes ayant autrefois formé un Etat a perdu son indépendance tout en gardant sa cohésion, on peut reconnaître à ce groupe le droit de disposer de lui-même le cas échéant, et encore ne serait-il pas sage de lui reconnaître ce droit dans toute son étendue ; il serait plus vrai de dire que ce groupe aura, si les circonstances le favorisent, le droit de ressusciter la communauté politique qu'il a auparavant formée. Mais cela seulement pour les groupes qui, dans la période historique de nos traditions, ont formé des Etats ou étaient rattachés à certains Etats et qui, comme tels, ont été reconnus par les autres nations. La Pologne en est sûrement le meilleur exemple. L'Irlande peut également être citée.

On peut aussi donner l'exemple de l'Alsace. — Voilà des exemples incontestables de groupes auxquels il devait être permis de manifester la volonté de revenir à leurs anciennes destinées.

Nous remarquerons même en passant, que sur ce point une transformation assez profonde s'est produite dans le droit nouveau, transformation qu'il ne faut pas hésiter à appeler un progrès ; le cas de l'Alsace-Lorraine est à cet égard tout à fait typique. L'éloignement décidé des Alsaciens envers leur nouveau maître avait porté l'opinion à considérer le pouvoir de l'Allemagne sur l'Alsace comme quelque chose de suspect et de peu régulier ; ce n'est pas que l'on se plaignît de l'absence de plébiscite, le sentiment général n'allait point à ce degré, c'est qu'on trouvait injuste qu'une province pût être maintenue sous un joug étranger alors qu'elle ne l'acceptait pas et qu'elle persistait à demander son retour à ses destinées anciennes. Voilà véritablement une nouvelle forme de respect montré pour la liberté des peuples et, dans la théorie générale de l'annexion, un des rares progrès certains que l'on puisse citer. Une annexion est irrégulière lorsqu'en fait elle n'est pas acceptée par le pays qui en subit l'effet. En fait un plébiscite qui interviendrait dix ans après une annexion serait autrement probant que celui que l'on organise au moment même où elle a lieu.

Nous avons insisté sur ce point que le droit pour un peuple à disposer de lui-même, ou plus exactement de revenir à des destinées antérieures qu'il n'a pas oubliées, exige que ce peuple ait, à l'époque historique, connu d'un autre sort que celui qu'il a été contraint de subir depuis et par là même nous déclarons qu'il n'est pas possible de mettre hors de contestation toutes les revendications d'indépendance que nous avons vues se produire de nos jours. Il est certain, par exemple, que ni la Lettonie, ni l'Esthonie, ni l'Ukraine n'ont eu l'existence politique de la Pologne et que par conséquent le droit de ces prétendus peuples à disposer d'eux-mêmes n'avait point du tout la certitude qu'il possède chez les Polonais.

Mais les difficultés n'ont pas encore fini par là, car ce même droit du peuple à disposer de lui-même fait naître au point de vue des principes une autre question tout-à-fait embarrassante. Pourquoi le volonté d'une génération enchaînerait-elle les générations suivantes? Il est déjà très grave en pareille matière d'admettre qu'une majorité peut disposer des destinées d'une minorité, mais il est plus grave encore de décider qu'une certaine génération d'hommes puisse fixer le sort des générations qui la suivront, et cela en réalité n'est guère compatible avec le principe lui-même. Ce n'est donc pas une chose que l'on puisse admettre, et alors il faudra dire qu'après qu'un peuple a disposé de lui-même il pourra, au bout d'un peu de temps, peut-être le lendemain, témoigner de nouvelles dispositions et changer une fois de plus de condition politique; s'il en est ainsi la perspective d'une perpétuelle anarchie est seule ouverte au monde.

De quelque façon que l'on considère cette formule du droit des peuples de disposer d'eux-mêmes, on est fatalement touché des inconvénients qu'elle présente et on incline à la repousser au nom des intérêts mêmes de la civilisation; car le danger est en effet très grave, beaucoup plus grave qu'on ne le trouve au premier abord. Sa gravité réside dans l'énormité de ses suites éventuelles et dans l'aide qu'elle a apportée dans tous les pays à l'esprit révolutionnaire, lequel tend toujours à détruire mais bien rarement à créer. On est effrayé à la vérité en pensant quelles modifications seraient apportées par l'acceptation d'un pareil principe dans l'état général de l'humanité. Ce principe donne à toutes les colonies le droit de briser les liens qui les rattachent à la métropole et cela en dépit de toute justice, car remarquons-le bien, les colonies fondées aux frais de la métropole jouissent en général de la paix et d'une grande sûreté de développement, alors que la métropole est engagée dans des difficultés perpétuelles. — Les colonies ont-elles le droit absolu de disposer d'elles-mêmes ? C'est bien contraire à nos traditions. Cependant les Hindous le pensent et le droit nouveau semble leur donner raison.

D'autres conséquences, non moins graves, se produiront chez les peuples encore peu avancés en civilisation, ou (pour ne froisser personne) dans l'art de gouverner, en Chine par exemple. La politique des peuples civilisés a toujours été très particulière à l'égard de ces groupes qui ont leur civilisation à eux, mais très différente de la civilisation chrétienne et à qui le consentement général des peuples assigne occuper un degré un peu inférieur sur l'échelle des nations. — Les peuples les plus avancés ont toujours exercé une certaine tutelle sur ceux qui les suivent, ils ont considéré comme leur droit — bien que cette idée ait été théoriquement très contestée — d'initier ces peuples aux divers avantages que procure la civilisation, ils leur ont imposé au besoin leur collaboration et dans une large mesure leur suprématie. Tout cela n'est pas compatible avec le droit nouveau qu'a le peuple de disposer de lui-même ; les Etats même un peu inférieurs peuvent secouer le joug que l'on prétendrait leur imposer et disposer à leur gré de leurs destinées, ce qui peut être le début et l'occasion de crises bien funestes à l'humanité tout entière. Nous en avons présentement l'exemple dans les soulèvements de l'Inde et de l'Egypte. Il y a bien là des peuples différents, le point ne souffre aucun doute, mais qui dirait qu'une fois libres ces peuples sauront se gouverner ou même simplement assurer l'ordre sur leurs territoires ?

En outre des exemples récents, tout spécialement celui de la Russie, nous montrent que la civilisation actuelle est beaucoup plus fragile qu'on ne le croyait. Dès lors on peut penser que ce n'est point le temps d'appeler ainsi les peuples à l'insurrection et de développer en eux le goût si vif de la nouveauté, car l'exercice de ce droit peut ne pas être profitable, bien au contraire, à l'extension de la civilisation et du droit.

Pour toutes ces raisons nous croyons qu'une grave erreur a été commise le jour où l'on a proclamé le droit des peuples à disposer d'eux-mêmes, qu'en réalité, pour que l'ordre règne dans le monde et la justice dans les relations internationales, ce droit ne doit être reconnu que dans des cas assez rares et sous de multiples conditions, que certaines subordinations sont profitables à tous, que le principe de la conservation des Etats ne permet que difficilement à chaque peuple de sortir de la situation où il se trouve, qu'il faut se résigner à cela, à peine de tout perdre.

Ce principe représente-t-il au moins quelques idées que l'on puisse dire de justice absolue ? En aucune façon. Il aurait une valeur certaine et ne serait point discutable théoriquement au moins si l'on pouvait démontrer que les peuples sont vraiment éclairés sur leurs intérêts et qu'ils sont aptes à disposer d'eux-mêmes en connaissance de cause. Mais il faut convenir que la réalité est très éloignée de cet idéal, que le peuple en général — nous voulons dire l'immense majorité des hommes qui le composent — n'entend absolument rien à la façon d'orienter ses destinées, que les révolutions qui se font sont toujours le fait de peu d'hommes, que ceux-ci encore se trompent bien souvent, et que ce n'est point la peine de bouleverser l'Europe pour donner satisfaction le plus souvent aux fantaisies d'une poignée d'ambitieux.

ONZIÈME LEÇON

Peut-on abolir la guerre ?

A une question pareille une seule réponse peut être faite, celle que l'expérience nous commande. Je dirai donc, qu'en tant qu'il est permis de tirer des leçons de l'histoire du monde, on peut affirmer en fait que l'on tenterait vainement d'abolir la guerre. Rien dans le passé ne nous autorise à une semblable espérance. J'ajouterai aussi, si l'on veut, qu'aucune impossibilité matérielle ne s'oppose à ce que la guerre puisse être abolie un jour, mais en insistant sur ce que le spectacle des évènements contemporains ne nous permet à cet égard aucune illusion. Si un jour doit venir où la guerre sera abolie, la lumière de ce jour est encore très loin de nous, et ce n'est pas notre génération qu'elle éclairera.

Cette réponse est la seule que l'on puisse faire à un problème ainsi posé. Il est inutile de pénétrer plus avant et de prétendre démêler l'inconnaissable. Que se passera-t-il dans plusieurs siècles ? Nous ne le savons pas, peut-être un jour viendra où la nature des hommes et celle des sociétés seront modifiées à ce point que ce qui nous paraît impossible aujourd'hui deviendra possible et facile ; tout cela c'est de l'avenir, de l'avenir plongé dans une obscurité que nos yeux ne peuvent pas percer. Laissons donc cette question sur laquelle rien d'utile ne pourrait plus être dit, et cherchons seulement à nous expliquer les choses telles que nous les voyons actuellement.

La persistance de la guerre au cours des diverses phases de l'histoire de l'humanité est un phénomène qui d'abord rebute la raison ; nous l'avons observé au début de ces études. Il y a quelque chose d'incompréhensible et d'irritant à penser que la justice et la raison pourraient gouverner les affaires de ce monde et que cependant les peuples ne parviennent pas à se défaire de l'habitude de les régler par la voie des armes. Bien que cette opposition demeure intacte et garde le même caractère angoissant, cependant nous devons ajouter que la considération des phénomènes qui nous entourent, si elle ne justifie pas la guerre (ce serait aller trop loin que de le prétendre), est au moins de nature à nous faire comprendre que la guerre puisse exister. Ces phénomènes sont, les uns d'ordre surnaturel, les autres d'ordre naturel.

Il en est de surnaturels et j'appelle ainsi ceux dont la raison ne parvient pas à pénétrer le mystère ; ce sont les phénomènes dont nous constatons les effets, la permanence et en quelque sorte la nécessité, sans démêler exactement quelles causes conduisent infailliblement à ce résultat. De ces phénomènes surnaturels, deux principalement sont à signaler qui peuvent dans une certaine mesure nous aider à comprendre la persistance de la guerre.

Le premier est le côté inachevé de toutes les entreprises humaines. Tous ceux qui étudient remarquent, sur quelque branche des connaissances que se porte leur attention, que les recherches même les plus heureuses, même les plus fructueuses, arrivent à un certain degré de perfection qu'elles ne dépassent pas. Aucun problème proposé à la curiosité de l'humanité ne peut être dit avoir reçu sa solution complète. Ainsi l'on voit dans l'ordre scientifique des méthodes nouvelles réaliser effectivement de merveilleux progrès, puis s'arrêter en route et demeurer impuissantes à produire toutes les conséquences bienfaisantes qu'on pouvait en attendre. Les admirables découvertes de Pasteur, découragent l'éloge, elles ont créé une science nouvelle infiniment plus parfaite ; cependant elles restent sans force devant les deux grands fléaux qui ravagent l'humanité, la phtisie et le cancer. Plus anciennement la science est venue à bout de la peste, terreur du moyen-âge et le choléra est bien loin de ce qu'il a été. Mais à la place de ces fléaux d'autres maladies sont venues qui sont moins célèbres mais ne font pas moins de victimes. Et il en est de même partout. Le géomètre s'arrête devant ce qui échappe à ses mesures, le chimiste arrivé à un certain point emploie des mots qui ne correspondent plus à rien de connu, le physicien ne sait rien de la nature de l'électricité qu'il a su pourtant asservir à nos usages. Les sciences exactes elles mêmes aboutissent à de simples hypothèses.

Ce qui est vrai des sciences pures ou appliquées, est plus vrai encore, de l'ordre politique. L'attention des peuples a été longtemps employée à découvrir des formes politiques qui leur fussent plus favorables, celles qui aideraient de la façon la plus efficace au développement pacifique de l'humanité; jamais on n'a trouvé une forme politique parfaite, jamais non plus une constitution qui ne laissât rien à l'imprévu, et nous rappellerons ici un exemple tout-à-fait saisissant. Lorsqu'est survenue la guerre de 1914, on a pu s'apercevoir dans tous les pays constitutionnels, notamment en France et en Belgique, que rien n'avait été prévu qui concernât une si terrible éventualité, que le droit politique de la guerre n'était point écrit, qu'il était encore chez nous une page blanche et que dès lors il était nécessaire de vivre à l'aide de moyens de fortune, de telle sorte que les sequestres par exemple ont été réglementés en France par des circulaires ministérielles. En outre tous les esprits qui se livrent à l'étude savent que dans la pénétration des problèmes qui les attirent et les retiennent, un certain degré pourra être atteint, degré plus ou moins avancé suivant la capacité de chacun, mais que, ce degré une fois atteint, l'esprit n'ira pas plus loin. Qu'est-ce que le droit naturel ? Qu'est-ce que l'ordre public ? Qu'est-ce que l'idée de justice ? Un problème n'est jamais complètement résolu; il faut nécessairement se contenter des résultats que l'on a acquis et ne pas voir au delà. L'intelligence complète n'existe qu'en Dieu.

Ce caractère inachevé de toutes les entreprises humaines, particulièrement dans l'ordre des choses de l'esprit, est tout-à-fait remarquable. Il nous prouve que l'esprit de l'homme est limité et qu'il n'est pas capable tel qu'il a été constitué, d'aller au bout des questions dont son intelligence lui montre parfaitement cependant et l'importance et la structure. Transporté dans la question de la guerre et de la paix, cet élément d'imperfection et de limitation nous portera volontiers à dire que l'on arrivera peut-être — et encore est-on bien loin de là — à diminuer la fréquence des guerres mais que l'on n'arrivera pas à les abolir. Cela, ce serait le terme dernier du problème, ce serait sa solution définitive, il ne semble pas qu'il appartienne à l'homme de découvrir des solutions pareilles. Ce serait la société de pure justice, la société parfaite. Or rien d'humain n'est parfait. Ne nous étonnons donc pas de voir la guerre résister aux forces qui lui sont opposées.

Un autre phénomène d'ordre surnaturel, tout aussi important à relever ici, est la place nécessaire que garde la force dans l'aménagement des choses humaines. L'esprit de l'homme tendrait à faire dominer dans le règlement des questions qui le concernent des considérations tirées uniquement de la raison et de l'idée de justice, seules satisfaisantes, parce que seules conformes à ce qui doit être d'après l'esprit. En fait les choses ne se passent pas ainsi et l'on voit que l'humanité ne peut pas se passer de la force, élément qui assure soit la paix dont elle a besoin, soit la stabilité de nos institutions. La force a souvent mérité par ses excès les reproches qui lui ont été adressés, mais on ne doit pas méconnaître qu'elle a aussi ses qualités et que ce sont des qualités qui n'appartiennent qu'à elle. La force est le seul moyen de conjurer rapidement les dangers qui se présentent, or dans l'usage de la force il est certain que les distinctions que la justice commanderait ne peuvent pas toujours être faites. On n'a jamais calmé une sédition par la raison, il faut à cela l'emploi de la force et devant la force les innocents sont trop souvent confondus avec les coupables quelque regret que l'on en ait. La force est l'instrument nécessaire de la justice, et sans elle la justice ne serait guère qu'un mot sans influence sur la conduite des hommes. Les difficultés dans lesquelles l'Europe se débat présentement ne sont-elles pas la meilleure preuve de cette vérité? La force doit précéder la justice dans tous les cas où l'action de la justice serait trop lente. Le droit de légitime défense est la consécration de la force; la maxime *spoliatus ante omnia restituendus* en est une autre application. —

Il ne faut donc pas s'étonner de voir la force jouer son rôle dans les relations des nations. Son rôle, elle le possède légitimement et la justice elle-même ne suffirait pas à tous les besoins; donc aussi ne faut-il pas s'étonner beaucoup de voir les nations faire appel à la force pour trancher leurs différends les plus sérieux. C'est une grave imperfection cela n'est pas douteux, c'est aussi un fait digne de regret, car si dans les rapports des hommes, particulièrement dans les rapports internationaux, l'action de la force pouvait être éliminée pour ne plus laisser de place qu'à celle de la raison, le monde aurait moins d'occasions de plaintes et de désolation.

Mais les choses sont ainsi, et remarquons-le, cela coïncide bien avec ce que la religion nous enseigne sur l'origine de l'humanité et particulièrement avec le dogme du péché original; le péché originel, qui a été dans la doctrine chrétienne la source des maux qui affligent l'humanité, a été certainement aussi la source des guerres que l'on n'a jamais pu éliminer de son histoire. Ainsi notre intelligence relative demande à être suppléée par la foi. C'est la clé du problème de l'entendement humain.

A côté des phénomènes d'ordre surnaturel, on trouve d'autres phénomènes naturels, de l'action desquels la raison peut se rendre compte.

De tout temps la science politique a cherché une formule d'une société naturelle dans le sein de laquelle les nations vivraient dans une harmonie constante et suivant les lois générales d'une paix qu'aucune défection ne viendrait troubler. L'existence d'une société pareille pourrait à la rigueur se concevoir, à la condition d'une foi religieuse unique imposant à ses adeptes l'obligation stricte de suivre les lois de cette société; encore faut-il dire que même la communauté religieuse ne détruirait pas la spontanéité de la nature humaine et qu'aux époques où la communauté internationale était vraiment une communauté chrétienne la guerre n'a pas cessé d'exister. C'est le plus fort préjugé que l'on puisse dresser contre toute tentative d'établissement d'une paix perpétuelle.

A défaut d'une foi religieuse commune on n'a jamais trouvé aucune base à cette société pacifique que l'on voudrait établir entre les hommes. Ce ne sont certes pas les efforts qui ont manqué et on peut dire que tous les philosophes s'y sont successivement essayés. Parmi les formules proposées la plus célèbre peut-être serait bien encore celle de l'impératif catégorie de Kant; mais lorsqu'on a dit après ce philosophe que chacun doit prendre pour règle dans ses actions une loi assez sûre et assez générale pour pouvoir servir de règle à l'humanité tout entière, on a simplement posé une formule vide de sens et qui n'est d'aucune utilité pour la constitution d'une société.

On a cru à une certaine époque — cette croyance a été le principal ressort de la Révolution française — que des réformes opérées dans le sens démocratique seraient un gage assuré de paix. Bien des hommes qui vivaient à cette époque furent ancrés dans cette opinion que la guerre était le fait des rois et que les peuples n'y avaient d'autre rôle que d'en supporter les maux; les évènements qui ont suivi ont montré que cette formule n'était point exacte, que la guerre est en réalité une forme d'action de l'humanité et qu'elle ne dépend pas d'une question de forme du gouvernement. L'exemple que nous donne la Russie soviétique vaut ici une démonstration.

Sur ce point encore l'illusion tenait lieu de la vérité.

Cette formule n'a pas été la dernière, et de nos jours on vante plus volontiers les vertus de la solidarité entre peuples; autre idée aussi fausse que celles que nous venons de citer. Cette expression ne saurait surprendre des étudiants en droit. Nous savons que l'on qualifie de solidaires les personnes qui prennent part à une même obligation comme créancières ou comme débitrices, chacune pour la totalité de l'obligation. En réalité la solidarité n'existe pas entre peuples et c'est en vain que l'on voudrait faire croire à cette relation; les nations ne sont solidaires d'intérêts qu'en présence des phénomènes purement naturels qui les menacent; il est certain qu'une épidémie qui règne dans un pays peut envahir les autres et s'en défendre soi-même c'est défendre les autres en même temps. Mais si on laisse de côté ces phénomènes naturels, la loi qui régit la vie des nations n'est en aucune façon celle de la solidarité; bien au contraire, la réalité nous montre que les diverses nations du globe, particulièrement celles qui sont voisines les unes des autres, vivent sous un régime de concurrence et de lutte pour la vie. Est-ce la solidarité qui dresse en ce moment nos alliés contre nos plus justes revendications ?

Ce que nous dit ici le raisonnement, les faits le confirment et de la façon la plus éclatante. Que l'on considère par exemple la conduite adoptée par les Puissances les plus anciennes à l'égard des peuples peu civilisés. Depuis que la politique coloniale a compté dans le monde, les nations anciennes se sont considérées comme supérieures à celles du Nouveau Monde et comme investies à l'égard de ces dernières de certaines missions qu'elles étaient autorisées à poursuivre, fût-ce par la force. — Du temps de Christophe Colomb on avait la prétention de répandre parmi les Indiens la religion chrétienne, et c'est même — cela dit en passant — pour cette raison que le pape Alexandre VI émit ses fameuses bulles de 1493. Depuis, des motifs différents ont prévalu, on parle de commerce et de ports ouverts; mais dans tous les cas et à toutes les époques, les nations plus civilisées ont considéré comme légitime d'employer la violence contre les nations moins civilisées pour leur imposer leur commerce et faire ouvrir leurs ports à leurs navires.

On a beaucoup discuté le droit sur ce point, et il est certain que la controverse est possible; mais en fait et d'après l'usage des peuples, aucune hésitation n'a jamais été montrée à étendre ce système aux pays nouvellement découverts, et l'usage de la force dans ce domaine nous apparaît comme un phénomène constant.

Une fois la dernière guerre terminée, quelques-uns ont pensé et beaucoup ont dit que les mœurs qui allaient régir le monde ne ressembleraient plus du tout à celles qui prévalaient antérieurement. Trop de sang avait été versé, trop de ruines accumulées, personne ne songerait plus à la guerre, le monde allait s'organiser pour la paix et il était dès lors légitime de modeler les accords à conclure sur ces nouvelles aspirations.

Ce sophisme est responsable pour une grande part de l'extraordinaire traité de paix qui nous a été fait. — Mais n'insistons plus sur ce point car il importe davantage de dire que cette opinion encore était fausse et que le spectacle qui nous est donné depuis deux ans est propre à nous montrer que le monde ne s'est nullement assagi. Ce n'est point en effet à une politique de paix que se livrent les nations mais à une politique très délibérément dirigée dans des voies d'impérialisme. Les grands Etats se disent pacifiques; ils ne pensent en réalité qu'à assurer et à étendre leur domination. La doctrine allemande continue à faire école dans le monde.

En réalité la question de l'abolition de la guerre est en ce moment dépourvue d'intérêt. Rien ne nous autorise à croire que les mœurs du monde aient subi quelque changement sur ce point, aucune réforme aussi radicale que celle-là n'a quelque chance de succès. Dirons-nous pour cela comme on l'a dit dans une certaine école que la guerre est un bien et que loin de la déplorer il faut au contraire la louer ? Nous n'irons certainement pas jusque là. La guerre est incontestablement un fléau, mais nous ne dirons pas davantage que la guerre est un fléau sans utilité ni surtout, comme quelques-uns ont osé le dire, qu'elle entraîne pour les hommes qui y prennent part une sorte de dégradation. La vérité est à l'opposé de ces honteuses affirmations. Comme épreuve la guerre a incontestablement une valeur très grande. La guerre est l'école du courage, de l'obéissance et du sacrifice, elle peut être et sera souvent l'occasion d'un perfectionnement moral très sensible. On honore ceux qui ont fait la guerre, on a raison de les honorer.

On a dit quelquefois que la guerre avait eu, à certaines époques au moins, une autre utilité, qu'elle avait été le grand facteur du développement du commerce international. Ces choses sont fort possibles mais nous n'avons pas à nous y arrêter ici. Bornons-nous à affirmer que la guerre, si odieuse qu'elle soit, peut devenir pour ceux qui en acceptent fièrement les devoirs une source abondante de progrès et d'honneur.

DOUZIÈME LEÇON

Peut-on diminuer la fréquence de la guerre ?

Non seulement rien dans les possibilités ne paraît s'opposer à ce qu'à l'aide de mesures appropriées à cet objet, on arrive à espacer les guerres plus qu'elles ne le sont, mais nous dirons très fermement que c'est là un devoir qui s'impose à tout homme de bien et plus particulièrement à tout chrétien. Personne ne peut en douter. Donc il est du devoir de tout honnête homme, et à plus forte raison du devoir de tout chrétien, de patronner les mesures dont l'effet peut être de rendre les guerres moins fréquentes, moins funestes par conséquent à l'humanité.

Mais comment y parviendra-t-on ?

Fidèle à la méthode que j'ai suivie jusqu'ici, je ne m'égarerai pas à rechercher les constructions théoriques plus ou moins ingénieuses qui paraîtraient propres à rendre les guerres plus rares, par exemple en déférant certains litiges à une juridiction internationale; ces constructions n'ont ni plus ni moins que la valeur de celles par où l'on prétend rendre la guerre impossible, elles sont dans l'imagination de leurs auteurs, elles ne sont pas dans la vie, et à cause de cela elles ont manqué l'effet que l'on se proposait d'obtenir; aussi plus simplement nous allons examiner les moyens empiriques, moyens déjà pratiqués ou moyens possibles, qui paraissent devoir aboutir à ce résultat de rendre les guerres plus rares.

Je distinguerai à cet égard deux catégories de moyens : les moyens d'ordre politique et les moyens de pur fait qui ne sont pas les moins bons.

1° Parmi les moyens politiques il faut mentionner d'abord le devoir qui s'impose à tout gouvernement de suivre d'une façon générale avec ses voisins une politique sage et ennemie de toute aventure, et je noterai que le choix des hommes appelés à diriger cette politique est en la matière d'une très haute importance. Mais il semble aussi que certaines combinaisons politiques puissent avoir d'une façon plus particulière la vertu dont nous nous occupons. Le premier est la célèbre maxime *Si vis pacem para bellum*. Il n'est pas douteux que le meilleur moyen de décourager les intentions hostiles, est de posséder des forces suffisant à les rendre vaines. Il y a ensuite les traités d'alliance.

Le maintien de l'équilibre et les traités d'alliance ont toujours été les grands moyens politiques employés pour éviter les guerres. Les traités d'alliance — dont il ne faut pas sans doute s'exagérer la valeur — sont cependant bons en ce qu'ils procurent aux nations entre lesquelles ils sont conclus une certaine sécurité sans rien changer à l'ordre établi. Une nation qui s'allie à une autre nation n'abdique pour cela aucune part de son indépendance, elle promet seulement et reçoit la promesse qu'en cas de conflit les forces des deux Etats défendront la même cause. Ce n'est pas que les instruments de ce genre n'aient aussi leurs difficultés, et l'on sait qu'ici le problème principal tient à la définition du *casus foederis*, c'est-à-dire du cas dans lequel l'alliance devra jouer et l'allié porter secours à son allié. Trop souvent il arrive qu'un peuple irrésolu et craintif refuse d'embrasser la cause de son allié et se défend en alléguant que le *casus foederis* ne s'est pas produit. Nous croyons savoir que c'est pour ce motif que la Grèce s'abstint au début de la dernière guerre de porter secours à la Serbie. On luttera par avance contre de pareils prétextes en désignant dans le traité de la façon la plus nette les évènements qui donneront lieu à la réalisation de l'alliance. Il semble bien qu'il ne sera pas inutile non plus, comme on le faisait souvent autrefois, de prescrire quel secours la nation accordera à son alliée, car il ne suffit pas de promettre, il faut encore que le secours prêté soit assez puissant pour changer le cours des évènements, et cela a de plus l'avantage d'obliger la nation alliée à maintenir sa force militaire à un degré suffisant.

Il semble évident que des puissances désireuses de se développer dans la paix et ne songeant du reste à chercher aucune querelle à leurs voisins devront conclure une alliance simplement défensive ; à quoi bon, en effet, parler d'une alliance offensive alors que l'on est bien décidé à n'attaquer personne ? Cette prétendue convenance serait cependant assez trompeuse. Il est facile de parler d'alliance offensive et d'alliance défensive, comme il est facile aussi de distinguer sur le papier les guerres offensives des guerres défensives. En réalité cette facilité est purement apparente et souvent il arrive que le véritable offenseur n'est pas celui qui a pris les armes le premier. En 1870 on nous a reproché d'avoir déclaré la guerre à l'Allemagne et de nous être constitués par là offenseurs aux yeux du monde. En France même cette opinion était assez répandue et beaucoup ont fait grief à l'Empereur de sa conduite dans la circonstance. Plus tard, les choses étant mieux connues, on a pu voir que nous n'avions pas été les véritables agresseurs et que nous n'avions jamais cherché qu'à nous défendre. Le coup de la dépêche d'Ems est maintenant connu. Aussi, comme ces points sont difficiles à déterminer et comme les traités ont d'autant plus de vigueur que leur application a moins de chance de soulever des contestations, il semble qu'une alliance pure et simple vaut mieux, qu'une alliance qui serait simplement défensive.

Sans doute cette alliance ne sera pas nécessairement illimitée, un pays a surtout certains dangers à craindre ; c'est contre ceux-là qu'il veut se prémunir, et pour limiter ses obligations il pourra spécifier dans le pacte d'alliance que c'est seulement contre certaines attaques ou contre les dangers bien déterminés que le pacte d'alliance produira ses effets.

Les alliances ont ceci pour elles que dans de nombreuses occasions elles ont prouvé leur valeur. En réalité les plus longues sont les meilleures, car en présence d'une alliance ferme et bien connue il s'établit un certain état d'union qui rend difficile l'entrée en guerre d'une puissance étrangère.

On parle souvent et on a parlé beaucoup ces temps derniers de garantie. En effet, une puissance peut se faire garantir par d'autres contre les périls qu'une agression lui fera subir et si ces garants sont assez forts de leur côté, si leur volonté de faire honneur à leurs obligations ne fait de doute pour personne, il n'est pas doutenx que cette stipulation pourra être d'une efficacité singulière quant au maintien de la paix.

Malgré que les traités de garantie aient été très pratiqués et que leur valeur soit vantée, je m'exprimerai, en ce qui les concerne, avec la plus extrême réserve; cette réserve ne vous étonnera pas. La Belgique s'est crue longtemps protégée contre toute aggression possible par le pacte de garantie qui était à la base de sa neutralité ; elle a pu voir que malgré cette garantie elle avait été à deux doigts de sa perte. D'autre part il a existé dans tout le courant du XIXe siècle, une garantie extrêmement célèbre, la garantie de l'Empire Ottoman, par laquelle les puissances occidentales ont promis au Sultan dont le trône apparaissait déjà très chancelant, de le maintenir contre ceux qui tenteraient de le faire tomber. Or, on sait que cette promesse de garantie de l'Empire Ottoman, solennellement donnée dans le Traité de Paris de 1856, n'a pas empêché cet empire de voir ses domaines peu à peu dépecés et souvent au profit même des puissances qui lui avaient accordé leur garantie. — La garantie de l'Empire Ottoman a sans doute été d'une certaine efficacité, elle a prolongé les jours de l'Homme Malade, mais elle ne l'a pas empêché de perdre tout-à-fait sa situation en Europe. Ce n'est pas sans ironie que l'on constate qu'actuellement c'est le principal garant de l'autonomie de l'Empire Ottoman, l'Angleterre, qui vise ouvertement au renversement de son pouvoir.

Ce ne sont point encore tant les exemples que l'histoire la plus récente nous fournit, qui doivent nous mettre en défiance à l'égard des traités de garantie et qui m'empêchent de regretter l'échec de cette célèbre garantie qui devait être donnée à la France et à la Belgique; le grand défaut de ces traités c'est qu'ils ne sont guère compatibles avec l'indépendance nécessaire à l'Etat garanti. L'exemple de la Porte Ottomane sur ce point est excellent. On sait que pendant tout le temps qu'elle a bénéficié de la garantie des Puissances, la direction de ses propres affaires lui a échappé au profit des Puissances garantes et qu'aucune question ne pouvait surgir intéressant la Porte sans que le règlement n'en appartint non pas à son gouvernement, mais aux Etats sous la tutelle desquelles elle vivait. Les affaires de la Turquie étaient en Europe les affaires de tout le monde. Tel serait fatalement le sort de puissances garanties, et garanties, comme c'est de règle, par d'autres Puissances plus fortes qu'elles-mêmes; la Belgique l'a déjà vu clairement dans certaines circonstances et lorsque sous Louis Philippe un projet avait été mis en avant d'union douanière entre la Belgique et la France, ce projet, très naturel à la vérité, échoua cependant sur l'opposition de l'Angleterre qui soutint qu'il n'était pas compatible avec la neutralité de la Belgique. Un gouvernement qui sait qu'il aura à se défendre le cas échéant, aime au moins à conduire ses affaires comme il l'entend, et il serait à craindre que si cette idée de garantie était acceptée et mise en pratique, les puissances garantes ne cherchassent une compensation à la charge qu'elles assumeraient dans un véritable droit de domination que ni la Belgique ni la France ne seraient disposées à tolérer.

En dehors des alliances et des traités de garantie, on peut encore citer comme étant un des moyens les plus propres à éviter les guerres, la conservation d'un équilibre réel entre les souverainetés possessionnées dans une même partie du monde. Cela a toujours été le grand ressort de la diplomatie, et de bien des façons différentes cet équilibre a été tenté. On doit avouer qu'il n'a pas produit l'effet que l'on en attendait, au moins ne l'a-t-il pas toujours produit et les guerres fréquentes de la seconde moitié du XIXe siècle ont prouvé que le principe d'équilibre à lui seul n'est pas une garantie de la paix. Il faut pourtant sur ce point s'exprimer avec une certaine réserve, car dans quelque système que l'on se place, on sera toujours tenté de recourir à l'équilibre comme à un des facteurs propres à écarter d'un continent le fléau de la guerre.

Ne parlons pas de la neutralité perpétuelle. Elle a perdu son crédit. On le perdrait à moins.

2° A côté des moyens de droit que je viens de mentionner, il faut placer les moyens de pur fait, les actes qui, sans s'autoriser d'aucune théorie, sans nécessiter la promulgation d'aucun droit nouveau, peuvent avoir comme conséquence de rendre les conflits plus difficiles et plus rares.

En ce sens nous citerons d'abord une distribution sage et calculée des Etats dans les parages que l'on considère comme spécialement dangereux. C'est une préoccupation qui n'a jamais échappé aux diplomates, et naturellement ils ont cherché à profiter de tous les grands remaniements qui s'opèrent périodiquement en Europe pour introduire un état de fait propre à diminuer en quelque chose les chances de guerre. En ce sens un moyen que l'on peut recommander est l'interposition de petits Etats entre des Etats plus grands, non pas sans doute qu'il suffise d'un petit Etat pour arrêter la force armée d'un Etat puissant, mais au moins cette interposition a pour effet de ralentir le début des opérations, et nous savons très bien que le succès dans les grandes guerres modernes appartient le plus souvent à celui qui dès les premiers pas sait aller le plus vite. En tout cas, un agresseur obligé de violer le territoire d'un petit Etat avant de se heurter aux forces de son ennemi se place par là même dans une position très suspecte et risque de faire naître contre lui des inimitiés nouvelles, il fait par conséquent une guerre plus dangereuse que celle qu'il aurait faite dans d'autres conditions. — Il n'est pas douteux par exemple que la Suisse par sa situation seule a rendu des services à la paix. La Suisse est un Etat mal disposé par sa configuration à servir de passage à de grandes armées, les mouvements trop accentués de son terrain ne les permettent guère ; il n'est pas douteux cependant que l'existence de cet Etat libre et en général peu mêlé aux querelles des autres, a rendu les guerres moins faciles ; depuis que l'Autriche n'a plus rien possédé à l'occident de l'Europe des terres anciennement rattachées à son empire et confinant à la France, une guerre franco-autrichienne est devenue beaucoup moins probable, cela à cause de l'interposition de la Suisse ; il a fallu l'alliance de l'Allemagne et de l'Autriche et l'influence prépondérante de l'empereur allemand pour qu'il en fût autrement.

Je parlerai aussi des services que le Luxembourg aurait été capable de rendre au début de la dernière guerre si sa politique avait été mieux inspirée ; en fait il n'a opposé aucune résistance à l'invasion et a laissé les Allemands disposer de son territoire exactement comme s'il leur appartenait. Si le Luxembourg, qui était, lui aussi, un Etat neutre, avait défendu sa neutralité, sans doute il aurait été incapable de combattre puisqu'il n'a pas lui-même de force armée, mais il aurait pu arrêter l'envahisseur et il aurait suffi pour cela d'un ordre enjoignant aux autorités de détruire les ponts et de faire sauter les voies de communication, routes et chemins de fer ;

il n'en fallait pas plus pour retarder de plusieurs jours et peut-être de plusieurs semaines la ruée allemande, et le temps, toujours si précieux au début d'une campagne, aurait servi cette fois la cause de la liberté du monde. On ne saura jamais ce que ce simple geste aurait pu nous épargner de vies et de richesses.

La question de l'interposition de petits Etats n'a rien perdu de son actualité; elle s'appelle actuellement la question de la Rhénanie et intéresse la Belgique aussi bien que la France. Vous connaissez l'état de la question et comment la population rhénane qui est allemande de langue n'est pas pour cela prussienne, de telle sorte qu'il existe dans son sein des courants favorables à une modification politique qui doterait ce pays d'une certaine indépendance. — Evidemment toute modification de ce genre serait favorable au maintien de la paix, à la condition exprese que la Rhénanie n'eût rien de commun au point de vue militaire avec le reste de l'Allemagne. En réalité ce pays, si l'on avait suivi les traditions les plus sûres, aurait dû devenir belge ou français par l'effet du traité de paix; il ne l'est pas devenu; le fait serait moins regrettable si séparé à jamais de l'empire allemand, son territoire ne pouvait plus désormais servir de place d'armes à l'organisation des agressions tentées par l'Allemagne contre ses voisins d'occident. La formation d'un Etat rhénan ne serait pas seulement favorable aux intérêts qui nous sont les plus chers, elle se recommande encore de ce qu'elle contribuerait certainement au maintien de la paix du monde. Pourquoi cela n'a-t-il pas été fait ?

En dehors de ce procédé qui, en somme, réalise une sorte particulière d'équilibre, je noterai comme moyen propre à rendre les guerres moins probables la possession de bonnes frontières naturelles. On discute dans les livres sur la construction des Etats et nous ne prétendons pas reprendre ici cette vieille querelle; ce que nous voulons faire voir c'est que la théorie des frontières naturelles qui veut que chaque Etat soit borné par des obstacles difficiles à franchir (montagnes élevées, cours d'eau importants et rapides, déserts) est certainement favorable à la conservation de la paix. Raisonner ici est même superflu; il suffit d'ouvrir les yeux. Il est certain que la présence des Alpes et des Pyrénées a été pour beaucoup dans le maintien d'une très longue paix entre la France et ses deux voisines du Midi. Et la Grande Bretagne? Les mers qui l'entourent ne lui permettent-elles pas d'exister et de dominer avec le seul secours d'une armée très réduite?

Sans doute une frontière naturelle, si bonne soit-elle, peut être franchie, mais elle ne sera franchie qu'avec effort, et ces difficultés, avant d'être surmontées, prendront un long temps et empêcheront toute agression brusque et instantanée. C'est en cela, en effet, que consiste le caractère le plus dangereux d'une frontière ouverte. Il est certain qu'en 1914, si la France d'un côté, la Belgique et l'Angleterre de l'autre, avaient eu un mois de plus pour préparer leur défense, la guerre n'aurait pas été longue; en un ou deux mois la France, grâce à l'apport de ses colonies, aurait largement doublé ses contingents et alors ses troupes auraient constitué une barrière suffisante pour arrêter l'Allemagne. C'est l'absence d'une bonne frontière naturelle qui a fait presque tout le mal, et l'on a commis la folie de laisser cette place d'armes aux mains des ennemis de la paix de l'Europe! Jadis on avait dans ces lieux mêmes établi une barrière contre les ambitions de la France. Qu'attend-on pour en dresser une nouvelle contre les ambitions de l'Allemagne?

La question de la garde du Rhin rentre, comme on le sait, dans les considérations que nous développons. Nous ne nous lasserons pas de dire qu'un traité plus juste et lors de la préparation duquel les intérêts allemands auraient eu moins de défenseurs, aurait dû accorder la rive gauche du Rhin à la France et à la Belgique. Mais à défaut de cette solution, au moins serait-il nécessaire de leur en laisser la garde; il suffit de songer ce que représenterait de chances en faveur de la paix la simple possibilité de faire sauter tous les ponts existant sur le Rhin. Une attaque brusquée ne serait plus à craindre et cela seul est de nature à décourager bien des mauvais desseins.

Là se trouvent les véritables moyens de rendre les guerres moins fréquentes et, il faut en convenir, ces combinaisons sont de nature à être mises à exécution bien facilement, car elles n'exigent qu'une vigilance assidue. Ce qui importe à l'heure actuelle avec le développement des armées modernes, c'est d'arriver vite, et un agresseur ne peut espérer la victoire qu'autant qu'il parvient en peu de temps au cœur de l'empire de son ennemi. Les Allemands le savaient fort bien. Déjà en 1870 leurs troupes avaient accompli quelques marches restées célèbres, et en 1914 la vitesse de leurs colonnes a touché au miracle et leur bon ordre excitait, je m'en souviens, l'enthousiasme des journalistes américains; il leur fallait aller très vite, et c'est ainsi qu'en quelques jours les troupes allemandes arrivèrent presque à portée de canon de Paris. Ils faillirent investir Paris, et s'ils y avaient réussi tout ce que l'on aurait tenté ensuite aurait été tardif. Si l'on avait pris le moyen très simple que nous venons d'indiquer, de bonnes frontières naturelles, un groupement ingénieux d'Etats, cette rapidité n'aurait pas été possible, il aurait fallu disputer le terrain dès les premiers pas et cela aurait changé sans doute l'issue des choses. Dans tous les cas un gouvernement essentiellement guerrier comme celui de l'Allemagne n'aurait pas trouvé dans sa situation un encouragement à ses projets.

Précisément cet intérêt immense de la soudaineté dans l'attaque et le prix du temps en la matière, me suggèrent un moyen de pur fait qui ne possède sans doute pas une grande valeur, mais mérite peut-être cependant de vous être soumis :

Pourquoi les Etats qui savent fort bien sur quelles frontières ils peuvent redouter une agression, ne prépareraient-ils pas d'avance les moyens de les rendre moins sujettes à l'invasion ? Je ne fais pas allusion ici à la construction de forteresses, c'est une ressource trop connue et l'on sait qu'à l'édification de forts plus solides correspond la fabrication de canons plus puissants, et que dans cette lutte rien n'est jamais fini, je fais allusion à un autre moyen, plus pratique, plus simple et à coup sûr beaucoup moins coûteux. Partant de cette idée première que l'envahisseur qui est obligé d'aller lentement perd ses meilleures chances de voir son entreprise réussir, je me dis que les Etats pourraient assez facilement organiser leur frontières de façon à ralentir les premiers pas de leur ennemi. Comment cela ? Simplement en diminuant dans la zône extrême le nombre des voies de communication, en disposant tout pour ruiner les chemins de fer et les canaux sur une longueur appréciable et dans un temps très court, bref en rendant d'un parcours difficile cette zône extérieure qu'un ennemi doit tout d'abord traverser.

Encore une fois ce moyen n'est pas une défense proprement dite, il vise simplement au ralentissement de l'action hostile, car il ne faut pas perdre de vue que les armées actuelles entraînent après elles des dizaines et mêmes des centaines de milliers de véhicules de toute sorte, qu'elles ne peuvent pas avancer si leurs chariots ne les suivent pas, et que pour ces armées énormes la possession d'une grande quantité de voies de communication est une nécessité de premier ordre. Si l'on n'a pas de routes il faut en faire, et cela ne s'achève pas en un jour. A plus forte raison en est-il de même de la réfection des ponts coupés et des tunnels écroulés. Il semble donc que, sans nuire aux industries de la paix, on pourrait limiter le nombre de ces voies de communication et surtout les surveiller de telle sorte qu'il soit facile, au premier signe de conflit, de les rendre inutilisables, ce qui aurait pour avantage d'arrêter l'ennemi pendant un temps très appréciable. — Le temps est beaucoup à la guerre et il peut arriver que des précautions comme celles-là, inquiétant un souverain sur le succès probable de son entreprise, le détournent par là même de la mettre à exécution. Il est probable que si l'empereur d'Allemagne avait su que l'Angleterre se déciderait immédiatement contre lui il n'aurait pas déclaré la guerre ; s'il avait su également que son armée mettrait peut-être 15 jours ou un mois à franchir une certaine zône de circulation difficile, il ne l'aurait pas davantage poursuivie, se sentant trop incertain du succès. Je terminerai par une vérité d'évidence : Que votre conduite ne promette pas le succès à qui médite de vous attaquer.

TREIZIÈME LEÇON

Peut-on rendre les guerres plus humaines ?

La persuasion où nous sommes de la fatalité de la guerre ne doit naturellement pas nous détourner de l'étude des moyens propres à faire prévaloir l'influence de certaines idées d'humanité et d'honneur dans la pratique des hostilités.

Il est à peine besoin de dire que l'on peut mettre des limites à la liberté des combattants et que l'état de violence qui caractérise le temps des hostilités ne s'oppose pas d'une façon absolue à ce que certaines règles soient posées et certaines lois obéies. La preuve en est dans la quantité assez grande de règles qui sont considérées partout comme faisant partie du droit de la guerre, telle par exemple cette interdiction de se servir du poison qui était respectée depuis une très haute antiquité et que la dernière guerre seule a impudemment violée.

On peut donc réglementer la guerre avec quelque espérance de voir cette réglementation appliquée; mais il faut ajouter immédiatement que cette œuvre de réglementation elle-même devra être conduite très prudemment et en évitant certains défauts habituels en la matière, défauts auxquels les rédacteurs des grands actes de La Haye n'ont pas su se soustraire. La rédaction des lois et coutumes de la guerre sur terre a été l'œuvre principale de la Conférence de 1899 et celle de 1907, ayant élargi son plan en y comprenent les lois de la guerre maritime et aussi les droits et devoirs des neutres, s'est appliquée à compléter et à améliorer le travail ébauché en 1899. Les conventions de La Haye se sont sur ce point inspirées d'un esprit fort louable; elles ont été faites du reste sur un modèle par lui-même déjà remarquable, le projet qui avait été dressé à la suite de la Conférence de Bruxelles en 1874. Cependant elles n'ont pas obtenu le succès que l'on attendait et cela a été sans doute une des grosses déceptions de tous les amis de l'humanité.

Toute la responsabilité de cette non effectivité des règles posées à La Haye ne pèse pas sur les Allemands qui paraissent cependant les avoir méconnues d'une façon systématique et pour qui du reste ces règles modératrices de la fureur guerrière ont représenté plutôt un idéal qu'un corps de lois directement exécutoires. On peut accuser aussi, la façon dont ces règles ont été posées et notamment leur rédaction trop poussée au détail. Il ne paraît pas possible de rédiger d'une façon satisfaisante des lois destinées à avoir leur application pendant la guerre, sans s'aider du concours continuel d'hommes qui ont fait la guerre. Les juristes tendent à tomber dans la minutie et, oubliant qu'ils ne sont plus dans l'atmosphère paisible d'un tribunal, ne craignent pas de multiplier à l'excès les prohibitions et les commandements qu'ils formulent. A la guerre il est difficile de suivre un aussi grand nombre de lois et à la vérité ce sont plutôt des principes généraux qu'il importe de poser plutôt que des séries de préceptes dont il est vain de prétendre charger la mémoire des combattants. Nous entendons dire que l'on s'occupe en ce moment même de réviser les lois écrites de la guerre et en vérité cela est excellent, que l'on ne manque pas de prendre le conseil des hommes de guerre et que l'on renonce à la prétention de donner à cette part extrême du droit une perfection et un fini dont la loi civile nous offre à peine l'exemple. Donc l'œuvre accomplie à La Haye a été assez défectueuse ; la grande Convention sur les lois et pratiques de la guerre sur terre compte de fort nombreux articles et certains de ces articles sont tellement complexes et chargés qu'ils forment à eux seuls une sorte de petit code. De là la multiplicité des ordres et des défenses, souvent leur obscurité, plus souvent encore pour les belligérants sur le champ de bataille l'impossibilité absolue de s'y conformer. Et ce défaut ne s'est pas limité seulement à la Convention générale dont nous parlons ; si nous considérons la convention de Genève de 1864 et plus encore la réforme opérée dans cette Convention par la conférence de 1906, comme également les actes par lesquels on a appliqué à la guerre maritime les principes posés pour la guerre terrestre, nous voyons que toujours le progrès du droit paraît s'identifier dans l'esprit de leurs rédacteurs avec un développement plus grand des textes contenant les règles de ce droit. Il n'est pas douteux que la convention de Genève elle-même, quoique portant sur un objet bien défini, est déjà trop compliquée pour l'usage qui peut en être fait. Il faut, nous le répétons, s'en tenir à quelques grands principes et ne pas prétendre imposer aux belligérants des obligations qu'ils ne pourraient pas exécuter. Ainsi l'expérience a prouvé qu'il serait tout-à-fait vain de proscrire de nouveaux moyens de guerre sous le prétexte du mal considérable qu'ils peuvent produire. Comme précisément à la guerre on cherche à faire à son ennemi le plus de mal possible, que c'est de l'excès de ce mal qu'on attend la victoire, les interdictions de cette sorte sont condamnées à rester théoriques. Déjà au moyen âge, lorsque l'on voulut proscrire la poudre à canon, les arquebuses, et plus tard les torpilles tout ce qui a pu être dit a été inutile ; de même ont été inutiles les règles trop détaillées posées en 1907 touchant l'utilisation des mines sous-marines ; ces règles étaient trop compliquées pour pouvoir espérer une application régulière. — Pour le reste il sera prudent de s'en tenir aux prescriptions qu'une expérience déja longue a sanctionnées et qui ont pour elles l'autorité sans rivale de l'expérience. Ces prescriptions viseront particulièrement les situations dans lesquelles des excès plus graves et plus condamnables peuvent être commis ; ainsi on déclarera que les dégâts inutiles doivent être absolument interdits ; on dira que toute la population désarmée et tout particulièrement les êtres faibles et incapables de se protéger eux-mêmes doivent être mis dans tous les cas à l'abri des violences. On ordonnera de respecter les blessés sans distinction entre les vainqueurs et les vaincus, de sauvegarder les prisonniers et de leur assurer un traitement convenable ; on proscrira l'assassinat du chef ennemi, l'usage du poison soit comme arme, soit employé par trahison comme par ceux qui empoisonnent les puits ou les vivres destinés à la consommation de l'ennemi ; on condamnera le mensonge et la tromperie et on recommandera spécialement d'user pendant la guerre d'une bonne foi absolument entière à l'égard de son ennemi. Et ce sera assez.

A quoi bon, dira-t-on, essayer de ressusciter ces antiques prescriptions puisque la dernière guerre a montré qu'elles pouvaient être impunément méconnues ? Cette raison de douter ne doit pas nous arrêter un instant; c'est une question d'honneur que cette revendication des droits de la conscience et de l'humanité dans la guerre et il serait contraire à l'honneur de cesser de la faire entendre.

Plus particulièrement on prendra des mesures pour assurer mieux qu'elle ne l'a été jusqu'ici la sauvegarde des malades et des blessés; d'autres mesures seront arrêtées pour garantir à la population d'un pays occupé le respect auquel elle a droit. Ceci est un des points qui restent les plus douloureux dans les souvenirs de la dernière guerre, et votre ville a vu à quels excès une soldatesque brutale peut se livrer lorsqu'elle n'est retenue ni par le sentiment de l'humanité ni par les ordres d'une autorité vigilante. Il ne faut même pas croire que les prohibitions plus multipliées soient plus efficaces. Ce n'est pas toujours vrai. Vous avez vu nombre de vos concitoyens fusillés sous le faux prétexte d'une tentative d'agression contre les troupes allemandes. La Convention de La Haye n'offre aucun moyen d'éviter cet abus. Il aurait été bien plus pratique de poser simplement en règle qu'un habitant du pays occupé ne peut pas être puni sans avoir été régulièrement condamné par un tribunal militaire. Les habitants d'une ville ou d'un pays occupé par l'ennemi ne sont pas et ne doivent pas être à la discrétion de cet ennemi; du moment qu'ils ne font pas eux-mêmes acte de belligérants ces habitants doivent être respectés; non seulement leur vie doit être épargnée mais on doit leur permettre, dans les limites où les opérations militaires le souffrent, de vaquer en paix à leurs occupations. Sur ces principes élémentaires il est essentiel de faire entendre la voix de la raison et de l'humanité, et si nous y insistons c'est aussi pour dissiper une équivoque qui est née à ce qu'il semble dans des esprits peut-être mal informés, peut être aussi peu disposés à les bien entendre.

J'ai professé autrefois, et je crois toujours qu'en temps d'occupation la puissance occupante possède de véritables droits sur les territoires occupés, non pas sans doute les droits d'un conquérant, car l'occupation ne transfère pas la souveraineté, mais les droits d'un administrateur qui, étant responsable du bon ordre, doit avoir les pouvoirs nécessaires pour en assurer le maintien. — Je sais que les plus hautes autorités de votre pays, et notamment un homme dont le nom sera toujours honoré parmi nous, M. Bernaert, étaient d'un avis contraire, et considéraient le pouvoir de l'occupant comme un simple pouvoir de fait. Cette divergence, je tiens à la proclamer ici, n'est rien autre qu'une différence de doctrine. Entre les idées de M. Bernaert et les miennes il n'y a au fond absolument aucune contrariété, notre but est le même, et si je tiens pour le droit de l'occupant, ce n'est point du tout dans l'esprit de rendre son pouvoir plus solide ou plus long, c'est parce qu'il me semble qu'en établissant ce pouvoir sur la base du droit, les règles qui le limitent en acquerront d'autant plus de fermeté.

Il faudra aussi s'efforcer de faire condamner ces moyens d'action inaugurés pendant la dernière guerre, l'usage du poison, des flammes, les tentatives d'assassinat du chef ennemi, alors que pendant des siècles entiers et à des époques que l'on se plait parfois à qualifier de barbares, ces mêmes moyens de guerre n'avaient jamais été jugés dignes de militaires honorables. — Pourra-t-on y arriver? C'est le secret de l'avenir et nous n'essayerons pas de le pénétrer. Ce que nous savons, c'est que l'on ne peut pas en cette matière se dispenser d'ouvrir une voie aux revendications d'une justice élémentaire, de l'humanité sans laquelle on n'est pas véritablement un homme, et de l'honneur qui a toujours été la parure des armées.

Mais par quels moyens peut-on penser obtenir ce résultat? Ici nous rentrons dans la théorie juridique et il ne nous sera ni inutile ni déplaisant de nous y attarder un peu.

L'effort des hommes réunis d'abord à Bruxelles, et ensuite à La Haye, a tendu à assurer par le moyen de conventions l'autorité des règles qu'ils jugeaient nécessaire de poser; on sait que le résultat n'a nullement correspondu à leurs espérances, et j'ai déjà eu l'occasion de vous dire que les conventions ne justifiaient pas la confiance extrême que beaucoup mettaient en elles, qu'à côté d'une certaine force, elles montraient des faiblesses inséparables de leur nature et qui en rendaient en somme l'autorité assez problématique dans le domaine de lois de la guerre. — Il ne m'est pas possible de m'étendre beaucoup sur ce point; cependant on rencontre là un trait qu'il faut marquer. Je considère comme tout-à-fait contraire à l'efficacité des dites conventions qu'elles aient besoin pour être valables de la ratification des Puissances qui les ont conclues. Ceci demande quelques explications. Au moment où l'on signe un traité, les Puissances siègent ensemble par leurs représentants ; elles voient parmi les assistants qui se décide à signer, qui refuse sa signature et, sur le parti pris par les autres, elles peuvent régler en connaissance de cause la direction de leur propre conduite. Lors de la ratification, les Etats sont au contraire isolés, et celui qui ratifie sans avoir pu connaître les résolutions prises par les autres Etats signataires risque la déception de voir certaines nations dont il avait escompté la ratification s'abstenir de ratifier ou ne ratifier qu'avec des réserves, ce qui peut rendre tout-à-fait incertaine l'efficacité d'un traité. L'inconvénient est ici d'autant plus grave que dans ces traités à signatures multiples on a pris le parti de remplacer l'échange des actes de ratification par leur dépôt dans les archives d'une Puissance choisie à cet effet et que l'on tend à déclarer le traité en vigueur lorsque quelques ratifications seulement sont acquises. En réalité celui qui s'oblige ne sait ni envers qui il s'oblige ni qui sera obligé envers lui.

Je crois qu'il y aurait un progrès notable à admettre que les très grands traités et notamment ceux qui sont destinés à régir la conduite des belligérants et qui, pour avoir une autorité véritable, doivent réunir les signatures du plus grand nombre d'Etats possible, seront dispensés de toute ratification. — A la vérité c'est aller contre le droit tel qu'il est généralement établi à notre époque et faire retour à des usages déjà un peu effacés par le temps, mais ce retour se recommanderait ici de bonnes raisons. Si la signature devait être par elle-même définitive, les Etats, mieux instruits de leurs intérêts et voyant sur qui ils peuvent compter, pourraient s'engager avec une connaissance beaucoup plus complète des conséquences de leur résolution, sachant qu'une fois les signatures données les Etats sont tenus et n'ont plus le moyen de revenir sur leurs obligations.

On dira peut-être que la suppression de la ratification rendrait impossible le contrôle exercé par les Chambres sur les traités signés par les délégués du pouvoir exécutif. Nous répondrons que cet inconvénient n'est nullement fatal et que, en laissant un certain intervalle entre le moment où le traité est définitivement rédigé et celui de la signature (ce qui s'est fait quelquefois pour d'autres raisons) on donnerait aux divers gouvernements le temps de consulter les Chambres et de se faire autoriser par elles à signer le traité; mais au moins, au moment de la signature les Parties contractantes seraient éclairées sur leurs dispositions réciproques et personne ne s'engagerait dans l'obscurité.

Parmi les réformes qui seraient souhaitables j'en signalerai une encore. Les traités relatifs à la guerre, pour ne point servir de jouet, devraient ne pas pouvoir être dénoncés au cours de la guerre. Qu'un traité fondé sur le consentement des puissances puisse être dénoncé, cela va de soi, la faculté de dénonciation est une conséquence de la nature du traité, mais comme tout changement intervenu au cours des hostilités serait fatalement d'une très grande conséquence sur la situation des parties, par une clause spéciale des traités de ce genre il devrait être entendu que tout traité valable entre les belligérants au début des hostilités restera en vigueur, sauf volonté commune de leur part, jusqu'à la fin des hostilités, et de cette façon ni l'entrée en guerre d'un Etat non signataire, ni une dénonciation faite suivant les termes du traité, ne pourraient changer quoi que ce fût aux obligations réciproques de ceux qui ont signé. Il faudrait, à ce qu'il semble, ces modifications — du reste peu considérables — de la théorie générale des traités pour donner aux conventions de cette espèce la fixité qui sans cela risque de leur faire défaut.

Mais ces modifications n'épuisent pas la question qui se présente ici, car même en améliorant ces traités, en les réduisant par exemple à quelques formules brèves et nettes et en abandonnant des règles qu'à peine on pourrait suivre en pleine paix, il reste encore douteux que la voie des traités soit la meilleure pour l'établissement des lois de la guerre. Les traités ont toujours ce grand inconvénient que leur inexécution peut entraîner leur résolution et cela est sans remède. Lorsqu'un traité est fait, l'obligation de chacune des parties contractantes a pour corrélatif nécessaire l'obligation des autres, et si cette dernière n'est pas remplie à la satisfaction de la partie adverse, l'abandon du traité s'ensuit naturellement sans qu'aucun reproche puisse être adressé au belligérant qui se résout à cet abandon.

On peut soutenir — et je crois qu'il y a dans cette idée beaucoup de vrai — que la coutume est pour les lois de la guerre un véhicule plus sûr que les traités, mais la coutume se forme lentement et il peut arriver — et il arrive en effet — que l'on soit obligé de formuler rapidement quelques principes nets à cet égard. Ainsi à notre époque il serait nécessaire de dire d'une façon claire quelles sont les conventions que l'on considère comme étant en vigueur, car le fait de ne rien dire et de laisser ainsi telles qu'elles étaient à la veille de la guerre de 1914 des conventions que tout le monde affirmait être obligatoires et qui n'en ont pas moins été continuellement violées, ce fait serait plus grave pour les conventions en question que ne le serait une dénonciation. Après une dénonciation on peut renouveler une convention et l'améliorer; après l'avoir laissée telle quelle alors qu'elle n'a pas produit son effet, on se résigne à la voir dans les guerres futures aussi peu respectée qu'elle l'a été dans le passé.

Il semble donc, si l'on n'abandonne pas tout espoir de voir les lois anciennes de la guerre revêtues à nouveau d'une force réelle, qu'il faudrait quelque acte qui leur donnât cette force, un traité nouveau peut-être; l'insertion de certains préceptes dans les règlements militaires de chaque puissance aurait déjà une influence considérable, en y joignant l'expression de l'intention de ne point considérer comme un ennemi régulier les troupes qui, de leur côté, ne se plieraient pas à l'observation des mêmes préceptes. — Il faut chercher quelque chose, car il n'est pas douteux que le droit de la guerre a subi dans la dernière campagne les atteintes les plus graves; les amis de l'humanité et les hommes soucieux de l'honneur militaire ne peuvent pas se résigner à la chute de ces grandes lois que l'expérience des siècles avait consacrées. Mais il ne suffit pas de les déclarer existantes, à cette heure une simple déclaration de ce genre serait inefficace; il faut encore trouver le moyen de leur donner une vie nouvelle et sur ce point il semble non douteux que les difficultés sont graves. C'est une question ouverte, il serait souhaitable que les divers gouvernements la prissent en grande considération.

QUATORZIÈME LEÇON

Des devoirs des jeunes gens

Jeunes gens, vous vivez à une époque spécialement intéressante parce que sous vos yeux, et au moment même où votre âge et votre instruction vont vous permettre de prendre une part aux affaires de votre pays, une transformation s'opère, est tentée au moins, plus grande que l'on n'en avait jamais vu et dont il faudra suivre avec attention les résultats.

La jeunesse, dans unEtat, est toujours, la partie de beaucoup la plus intéressante de la population, elle est l'avenir. Vous êtes en réalité, jeunes gens, le sel du sol de la Belgique; suivant ce que vous produirez, de ce sol sortiront de bons ou de mauvais fruits; il importe donc que de l'enseignement que vous avez reçu vous tiriez non seulement des connaissances sur les diverses matières que nous avons parcourues ensemble mais encore certaines lois pratiques destinées à vous aider dans l'orientation de votre vie. Ma conclusion aura pour objet de les dégager.

La première de ces lois, et la plus importante je crois au point de vue de la conduite de chacun, est qu'il faut que vous ayez l'œil largement ouvert sur le monde où vous vivez. J'aime depuis longtemps à répéter à mes élèves qu'ils doivent regarder tout ce qui les entoure avec une extrême attention, et comparer sans cesse les exemples que la vie leur fournit aux leçons qu'ils ont reçues à l'Université. A la fin de l'enseignement que je viens de vous donner et après l'examen des grands problèmes qui nous ont occupés, ce conseil est particulièrement à sa place. Plusieurs réformes considérables sont tentées, elles sont plus qu'en gestation, elles sont en cours de réalisation ou au moins prétend-on qu'elles ont atteint ce stade de leur développement. A vous de savoir et de voir si réellement ces réformes sont quelque chose d'important pour l'humanité ou s'il n'y a là qu'une grande apparence dont il faille se dégager. Je ne vous demande point d'épouser aveuglément les idées que je vous ai soumises. Je dis plus, je serais fâché de vous voir prendre ce parti. J'ai critiqué avec la plus grande liberté devant vous des idées fort en vogue à l'heure où nous sommes. Je n'ai eu qu'un but, vous apprendre à raisonner ces graves questions de la guerre et du droit. Faites de même et concluez suivant ce que vous aurez vu.

Ainsi vous verrez bientôt ce qu'il va arriver de cette question du désarmement dont la réalisation paraît se poursuivre par étapes successives. Ce désarmement, que l'on a conçu et que l'on s'applique à réaliser à Washington, sera-t-il véritablement un abandon général et progressif des armes que chaque peuple a jusqu'ici accumulées ? Sera-ce une restitution à l'économie pacifique de la nation des sommes énormes qui chaque année sont employées aux dépenses militaires et maritimes ? Sera-ce au contraire une pure apparence et l'installation sur les mers puis sur la terre d'un nouvel impérialisme, d'autant plus lourd qu'il prendra la figure hypocrite du pacifisme ? — Voilà une question qui se dresse devant vous ; vous aurez à considérer les phénomènes qui se développeront à vos yeux et il ne sera pas trop de toute votre attention et de toute votre finesse pour la juger sainement. Mais déjà cette question est virtuellement résolue. S'il est vrai que la Grande Bretagne prétend interdire l'usage des sous-marins de guerre, le brouillard qui pesait sur les délibérations de Washington se dissipe. Ce n'est pas un désarmement que l'on a préparé là. On y discute la charte de la maîtrise de la mer et pour que cette maîtrise soit plus assurée, on veut priver les Etats à ressources moindres du seul moyen qu'ils puissent avoir de se défendre.

Telles sont mes pensées, mais je vous répète que je ne vous demande point de me suivre aveuglément. Sur ce point comme sur tous ceux auxquels nous avons touché, je ne prétends nullement vous imposer une opinion. Je ne vous dis même pas : pensez comme moi, je vous dis : pensez par vous-mêmes. Je vous ai exposé les faits, je vous ai dit la signification qu'ils avaient à mes yeux ; jugez vous-mêmes, appréciez ces faits à la lumière de votre jugement et plus tard, bientôt peut-être vous verrez de quel côté était la raison.

Vous aurez à juger aussi dans un avenir prochain la Société

des Nations que nous voyons fonctionner assez péniblement depuis deux ans, réalisant la grande pensée de tous ceux qui estiment que l'on peut gérer une société de peuples comme une association de capitaux. Cette Société a été créée dans le but avoué de substituer à la diversité et à la contrariété des intérêts des puissances une harmonie constante entretenue par un grand organe central servant de régulateur et d'intermédiaire des organes nationaux. Cette Société aura-t-elle l'autorité et l'influence qu'on lui promettait d'abord ? Ce qu'elle fera viendra-t-il au bénéfice des peuples entre lesquels elle aura été fondée ou bien au contraire fera-t-on de ce corps étrange et un peu compliqué que je vous ai rapidement dépeint un simple couloir à intrigues où les plus puissants s'efforceront d'user de moyens détournés pour parvenir d'une façon plus sûre à la réalisation de leur hégémonie ? — Là encore les événements que je vois se produire paraissent justifier amplement mon pessimisme. Ne tenez pas compte de cette note. Supposez que je me suis complètement trompé, voyez par vous-mêmes ; ne laissez aucun phénomène de quelque importance sans l'observer, puis lorsque vous aurez recueilli et mis ensemble un assez grand nombre de phénomènes de ce genre, votre opinion alors pourra être sainement faite et vous jugerez. Quant à moi je suis tout prêt à faire amende honorable à la Société des Nations si je vois que son action est bonne et favorable à la paix du monde. Mais si je constate que ses avis ne témoignent ni d'une sagesse plus grande ni d'une indépendance entière je ne m'arrêterai point aux éloges intéressés que ces hommes prodiguent à leur œuvre et je persisterai à dire que l'on a eu grand tort de surcharger d'un organe pesant et coûteux l'échiquier des relations internationales.

Vous jugerez de même du traité de paix et des Conventions annexes qui lui ont été adjointes en si grand nombre. Ce traité encore a été une nouveauté, non pas qu'il n'y ait pas eu toujours des traités de paix et en nombre très considérable, mais parce qu'un traité de l'apparence et de la complexité de celui-ci ne s'était encore jamais vu. — Le traité de paix, comme vous le savez, a grand peine à développer ses effets comme il était dans les intentions de ses rédacteurs de les lui faire produire. Jusqu'ici ce n'est guère que par des manquements aux promesses faites que les empires centraux se sont signalés, et l'on voit reculer de jour en jour le moment où ils mettront à exécution les engagements qu'ils ont contractés, même on peut dire qu'il se passe à peine un jour sans que quelque nouveau document vienne dans ce domaine s'ajouter à ceux que nous avons déjà. Actuellement on parle de le mettre de côté complètement. N'est-ce pas hier que l'Allemagne, après maintes tergiversations, s'est déclarée insolvable, et ne va-t-on pas demain délibérer sur les conséquences qu'il y a à tirer de cette insolvabilité ?

J'ai toujours considéré ce traité comme déplorable, et déjà à un moment où il pouvait paraître meilleur qu'il ne s'est révélé depuis, j'ai cru de mon devoir de juriste d'en signaler publiquement les plus gros défauts. Mon opinion ne s'est pas modifiée depuis ; elle ne pouvait pas devenir autre alors que l'inquiétude de l'Europe et les perpétuelles hésitations de la diplomatie montrent clairement que l'œuvre de paix qui devait être accomplie ne l'a pas été. Refera-t-on l'acte de Versailles, cherchera-t'on à l'utiliser tel qu'il est, nous l'ignorons. Une seule chose est déjà certaine c'est que d'un instrument semblable aucun bien ne peut être attendu. Sur ce point encore, bien que mon opinion ait gagné par le fait même une autorité qu'elle n'avait pas d'abord, je vous engage à ne pas la retenir mais bien à exercer encore votre jugement, suivant avec un extrême intérêt ce qu'il va advenir des promesses du traité de paix et de l'exécution des clauses qu'il comprend ; puis alors, suivant le résultat de vos observations, vous saurez qu'un instrument comme celui-là peut se faire et qu'il peut en provenir de bons résultats, ou bien que c'est une erreur énorme que de rédiger un traité semblable et que pour le bien des nations qui veulent la paix il faudra dorénavant s'en abstenir. Ici est le principe d'une leçon précieuse. De ce qu'un traité qui n'a été qu'une longue improvisation a manqué son objet vous retiendrez que ce n'est ni par hasard ni par l'effet d'une routine aveugle que des traités semblables contiennent tous les mêmes dispositions et lorsque votre tour sera venu de prendre la plume vous donnerez aux précédents l'attention qu'ils méritent.

Vous verrez aussi, ce qu'il adviendra dans un avenir prochain des nations nouvelles dont les traités passés à la suite de la guerre ont été le berceau. Ces nations ont été en quelque sorte imposées à l'Europe, c'est la volonté du grand arbitre de la paix qui les a, pour la plupart, tirées du néant et c'est l'autorité du traité qui maintient leur existence; on les a appelées au jour parce qu'il a paru que c'était autant de cas dans lesquels il paraissait juste de donner à des peuples la disposition de leurs destinées; l'œuvre a été faite avec la précipitation qui a marqué toutes les innovations improvisées à la suite de la guerre. Mais cette œuvre — la chose ne paraît que trop certaine — n'a rien encore de définitif et n'est même pas assez ancienne pour que l'on puisse porter sur elle un jugement. Ce jugement, c'est encore vous qui le porterez. Que va-t-il advenir de ces nations ? Auront-elles assez d'autorité pour contenir les éléments turbulents qu'elles renferment et assez de sagesse pour se tenir à une politique respectueuse des droits d'autrui ? Le passé de la péninsule balkanique autorise à cet égard bien des doutes. Est-ce la paix qui va sortir de ces créations, est-ce la guerre ? — Tout est possible dans ce domaine et les quelques faits qui ont pu déjà être observés ne sont point non plus d'une solide garantie pour l'avenir. Là dessous encore se cachent des perspectives assez suspectes; c'est à vous qu'il appartiendra de suivre d'un œil attentif la suite des événements. Il est à craindre en effet que ces nations, ou au moins quelques-unes d'entre elles, au lieu de garder intacte leur indépendance et de faire figure en Europe d'Etats véritablement autonomes, tombent, nouveaux satellites, dans l'orbite de quelque astre de première grandeur, et que ces êtres récemment appelés à la vie ne vivent pas en réalité d'une vie propre et soient un peu comme ces pantins sous lesquels se cachent les mains qui en tirent les ficelles. L'expérience de l'Autriche a montré qu'il est relativement facile de détruire un grand empire. Ce que l'on peut faire de ses débris, un avenir prochain nous le montrera.

En somme, trois ans après la fin de la guerre, tout est encore incertitude dans l'état de l'Europe et par conséquent aussi tout est matière à réflexions instructives. — Lorsque vous aurez fait ces réflexions, lorsque, vous dégageant des affirmations absolues ou intéressées que vous rencontrerez de part et d'autre, vous aurez assis votre propre opinion, alors Messieurs, ayez le courage de conclure. Il faut en effet, et cela est encore un devoir, il faut penser par soi-même et avoir le courage de sa propre opinion lorsque l'on possède des raisons suffisantes de l'arrêter dans un sens précis ; alors sans aucun doute sonnera l'heure de votre divorce définitif d'avec les idéologues qui vous guettent, vous regarderez les nouveautés les plus vantées de l'œil dont doit les voir tout homme sensé, comme des fantaisies de l'esprit qui peuvent avoir leur intérêt, mais contre lesquelles il faut d'abord se garder si l'on ne veut pas exposer son pays à des dangers mortels. Vous vous rappellerez que la Pologne est morte pour avoir trop cédé aux agitations politiques, que la Russie meurt d'une expérience socialiste, que le Portugal s'épuise en convulsions incessantes, que l'Angleterre elle même souffre cruellement d'un mal dont on ne voit pas le remède. — Et lorsque vos opinions seront ainsi faites et vous mettront en garde contre les défenseurs généralement intéressés des thèses que l'on vous présentera sous des dehors purement humanitaires, vous vous y tiendrez obstinément. — La vie de la patrie ne doit pas dépendre d'un essai de réforme. Il y a une chose que vous ne direz jamais, elle constitue une marque de faiblesse de l'esprit et une facilité à coup sûr très funeste, vous ne direz jamais : « les choses étaient ainsi autrefois, mais elles vont complètement changer maintenant, le monde d'aujourd'hui n'est pas du tout le monde qui existait hier ». — Nous avons entendu, au lendemain de la guerre, quantité de voix entonner ce même chant à la paix, à l'union des nations, à l'établissement d'une société différente de celle qui existait, parce que, disait-on, les sacrifices imposés par la guerre avaient été si grands que l'on ne pouvait plus en faire de nouvelle et qu'il fallait nécessairement modifier le mécanisme politique du monde de façon à n'en faire qu'un instrument de paix.

Ces déclamations, qui ont exercé en leur temps une influence néfaste et qui sont responsables pour une bonne part des erreurs énormes qui ont été commises, ces déclamations, vous les aurez en horreur, elles sont rarement inspirées par une conviction absolue, bien souvent un intérêt, égoïste et mesquin se cache sous les formules les plus généreuses ; vous laisserez à d'autres cette rhétorique hypocrite. Quant à vous, vous chercherez systématiquement vos leçons dans le passé qui a été la vie et non pas dans un avenir qui n'est pas encore la vie. Vous procéderez ainsi, vous disant avec grande sagesse que les hommes d'hier sont encore les hommes d'aujourd'hui, que rien n'est semblable à l'humanité d'un siècle comme l'humanité du siècle qui le suit et qu'avant de conclure à une transformation radicale il faut avoir vu cette transformation s'annoncer nettement, à peine de tendre à une conclusion qui sera fatalement dénuée de toute vérité.

Dans tous les cas, et quelles que soient les pensées qui seront appelées à résumer votre expérience, vous serez toujours francs avec vous-mêmes et vous ne chercherez pas à vous imposer sous divers prétextes les opinions que votre raison vous présentera comme indignes de votre acceptation.— Vous vous direz que pour être sûr de ne pas mentir aux autres il faut d'abord ne pas se mentir à soi-même. Puis, comme tous les autres, vous vous plierez aux lois inéluctables de la vie de l'humanité. Par les études que vous avez faites, par votre situation sociale comme par la réputation des familles que vous représentez, vous êtes, en grand nombre, appelés à prendre une part aux affaires publiques de votre pays; vous entrerez dans la carrière pénétrés de cette idée qu'il n'appartient pas à un homme, fût-il un véritable génie, de changer la nature de l'humanité. L'humanité s'est mue jusqu'ici, suivant deux lois : la loi de la conservation d'abord qui décide les Etats à dépenser toutes leurs ressources en hommes et en richesses plutôt que de consentir à disparaître; première loi très visible, très sage aussi, car il est rare qu'un Etat disparaisse sans que la condition générale de l'humanité ne soit sensiblement empirée par là. Ce que l'on a appelé quelquefois égoïsme sacré n'est rien autre que cette force qui fait tout plier à l'instinct de la conservation.

Une autre loi est tout aussi certaine, quoique beaucoup moins avouable; on voudrait la voir disparaître mais soyons sûrs qu'on ne la fera même pas reculer d'un pas. Je l'appellerai la loi de l'ambition. C'est la loi qui pousse tout Etat qui se trouve en possession d'une force supérieure à employer cette puissance à s'agrandir, en terres, en hommes, en richesses, enfin de devenir un Etat toujours plus considérable.

La loi de l'ambition n'est pas à contester, ce n'est point une loi aussi belle que celle de la conservation; l'histoire de l'humanité nous la montre cependant douée de la même fixité et ce serait une grave erreur de mettre en doute sa puissance dans la vie des nations. — A cette loi encore vous devrez vous plier mais sans vous résigner à son empire ; il n'est pas d'un homme d'Etat de se résigner à subir les conséquences d'une loi qu'il sait menacante pour son pays, vous lutterez contre l'ambition des autres et vous aurez garde de ne jamais, pour ce qui vous concerne, entretenir que des ambitions conformes à la justice. Vous ferez ainsi l'honneur de votre pays.

Que si l'on vous objecte que tout cela n'est pas très noble et que l'on pourrait concevoir une humanité mue par des ressorts infiniment supérieurs à ceux-là, vous aurez beau jeu de répondre que ce n'est pas vous qui avez fait le monde dans lequel vous vivez et que puisque les choses sont ainsi, c'est que probablement la volonté de Dieu est qu'elles soient ainsi. Dans tous les cas vous ne désespérerez jamais des causes qui vous seront confiées. Votre pays vient de vous montrer que l'on ne doit pas désespérer de la patrie, même au moment où elle est réduite à quelques arpents de terre. La Belgique, nous l'espérons bien, ne connaîtra jamais plus d'épreuve pareille, mais dût-elle en rencontrer encore, que votre courage serait certainement à la hauteur du grand courage de vos aînés.

Puis vous agirez, car l'action est le propre de la jeunesse, vous agirez parce qu'il ne faut pas laisser perdre sans utilité les dons que vous avez reçus. Vous agirez de votre mieux, défendant les intérêts qui vous auront été confiés par tous les moyens que vous jugerez conformes à la justice et votre action sera différente de celle de bien des politiques par ce point que vous vous abstiendrez soigneusement de vous mettre sur la face le masque de plâtre du comédien. Vous serez invariablement droits parce que la justice veut qu'on soit droit. Je ne fais point allusion ici à cette condamnation que certains ont portée contre la diplomatie secrète. De la diplomatie secrète vous en verrez faire toute votre vie; certains d'entre vous en feront eux-mêmes; il n'y a pas de diplomatie sans secret, et le secret que l'on accuse à tort de tant de crimes a fait encore beaucoup plus de bien qu'on ne peut lui reprocher d'avoir fait de mal. Vous garderez le secret qui vous aura été confié, mais on n'aura jamais à accuser votre silence parce qa'il ne sera jamais l'abri de la fausseté. A ces traits le monde reconnaîtra la marque de l'enseignement que vous recevez dans cette célèbre et bonne Université de Louvain.

Enfin vous serez pacifiques dans la mesure où il est possible de l'être. Remarquez que je ne vous dis pas : soyez pacifistes; je dis : soyez pacifiques, ce n'est pas la même chose. Le pacifique ne veut pas la paix à tout prix, il sait qu'il y a des circonstances dans lesquelles il faut assumer la responsabilité de la guerre; il veut la paix dans la mesure du possible parce qu'il n'a jamais souhaité de mal à autrui et surtout parce qu'il est chrétien et que la doctoine chrétienne, nous le savons tous, est essentiellement une doctrine de paix. Mais de là à penser que parce que vous serez pacifiques vous devrez donner dans les utopsies pacifistes, il y a loin. N.-S. Jésus-Christ a dit en effet : « paix sur la terre aux homme de bonne volonté ». Dans la mesure de vos moyens, fidèles à sa parole, vous assurerez ainsi la paix sur la terre aux hommes de bonne volonté. Quant aux autres — et ils sont légion — eh bien vous n'aurez pas tort, à l'occasion, de leur faire sentir votre force.

Ces quelques conseils que je me permets de vous donner, Messieurs, peut-être parce qu'ils me paraissent la conclusion la plus naturelle de cet enseignement, vous aurez à les utiliser dans des circonstances que je considère comme particulièrement graves mais aussi particulièrement heureuses pour vous. — Comme je l'indiquais à ceux de vos camarades qui font partie de cette petite Société où j'ai eu le plaisir d'aller il y a peu de jours, vous allez arriver à l'activité sociale précisément au moment où votre patrie, la Belgique, prend sa forme définitive, au moment où d'Etat garanti et fatalement un peu diminué qu'elle était auparavant, elle devient un Etat à souveraineté complète, un Etat indépendant, maître de ses actions, supportant dans la mesure la plus étendue les responsabilités qui pèsent sur un Etat. Votre pays a compté déjà des hommes d'Etat qui lui ont fait grand honneur et qui sont arrivés à la célébrité par la voie brillante du droit et de la vérité. Vous continuerez cette noble lignée dans la nouvelle Belgique que vous allez tous contribuer à former et à diriger ; c'est vous qui lui assignerez sa place, vous qui tracerez les grandes lignes de sa conduite, vous qui choisirez ses amis et ses associés.

Votre œuvre est grande et lourde votre besogne, mais la peine n'a jamais fait reculer un homme de cœur quand il s'est agi de faire le bien.

QUINZIÈME LEÇON

Des devoirs des Souverains

Il n'est pas sans témérité d'intituler cette dernière leçon « Des devoirs des Souverains ». — Prétendre donner des leçons à ceux qui nous gouvernent alors que soi-même l'on n'a jamais connu ni les pouvoirs ni les responsabilités de leur charge, n'est-ce pas témérité pure ? Pourtant les faits que nous avons rappelés, les idées que nous avons émises ou discutées au cours de cet enseignement contiennent en eux-mêmes le principe de certaines leçons appropriées à la conduite de ceux qui ont la redoutable charge de diriger les affaires d'un Etat. Pourquoi n'essayerions-nous pas de dégager ces leçons ?

Le XIXe siècle, que le siècle présent continue sans déviation notable, a cédé dans sa vie publique à deux tendances également funestes, funestes surtout par l'emprise qu'elles ont exercée sur le sens commun qu'elles ont eu pour résultat d'égarer, funestes aussi par leur répercussion sur le droit public général. Ces deux tendances sont la croyance à l'efficacité des Constitutions et un goût prononcé pour les Congrès et Conférences. Ces deux défauts sont la source principale des agitations continuelles de ce siècle et de l'état incertain et menacé dans lequel nous voyons l'Europe.

Le premier de ces traits est la foi en l'efficacité des Constitutions. L'origine de ce trait nous paraît être incontestablement dans l'influence des doctrines répandues par Rousseau. D'après Rousseau et les encyclopédistes, l'homme est né originairement dans un état de bonté, puis il a été corrompu par la vie en société, le but de la philosophie doit être de réformer les abus sociaux et de revenir au contrat social primitif pour rendre à l'homme son innocence et sa bonté première. Comment corriger ces vices et ramener cet idéal si ce n'est pas par le moyen d'institutions politiques appropriées à cette fin ? Alors on a vu que les constitutions se sont succédées, chacune d'entre elles voulant atteindre et réaliser ce bien social supérieur que les constitutions antérieures s'étaient montrées impuissantes à produire. On remarquera que c'est aux époques les plus troublées de l'histoire du monde que les constitutions se sont usées plus rapidement et que plus les évènements ont pesé d'un poids lourd sur la destinée des peuples, plus ceux-ci se sont s'efforcés de soulager leur misère en faisant appel à des institutions nouvelles. Il est évident, en effet, que si l'on part de ce principe que l'homme est le seul maître de ses destinées, on arrive directement à la foi dans la toute puissance des institutions politiques.

Cette opinion n'est plus, à ce qu'il paraît, à l'heure actuelle dans toute la force qu'elle a autrefois possédée, et il ne manque pas d'esprits qui reconnaissent simplement que le grand mérite des constitutions politiques que se donnent les peuples est avant tout de convenir aux hommes pour qui elles sont faites, qualité qui ne se démontre elle-même que par la durée de leur existence. Cependant, malgré qu'une critique plus éclairée se fasse jour sur ce point, il existe encore dans ce domaine des idées universellement reçues et, nous pouvons le dire, des fétiches objet d'une adoration trop absolue. Nous citerons comme exemple l'idée de l'efficacité de l'extension des institutions démocratiques, considérée par beaucoup comme un remède à tous les maux dont une société peut souffrir. Cette idée est encore très commune, non pas seulement parmi ceux qui, manquant d'instruction et de critique personnelle, ont plus de facilité à devenir de simples dupes des mots, mais même parmi les penseurs dont certains croient véritablement que plus les institutions humaines se rapprocheront de l'idéal d'une démocratie, plus le bonheur de l'homme sera avancé et étendu à des couches plus denses de la population.

Cette croyance a en elle-même quelque chose de très déraisonnable, étant donnée surtout l'incertitude qui plane sur le sens que l'on peut prêter au mot démocratie. Que signifie exactement ce mot? Si l'on entend par démocratie une tendance politique inclinée à servir les intérêts du peuple et plus particulièrement encore ceux de la partie la plus modeste du peuple, des indigents, des travailleurs manuels, des faibles on dira avec raison que cette politique est du devoir de tout bon gouvernement, mais que cet objet n'est nullement lié à l'adoption d'une constitution particulière; que si au contraire — et c'est bien dans ce dernier sens que le mot démocratie est pris couramment — on entend par cette expression l'accession du peuple au gouvernement, accession à laquelle on tend à lier ainsi l'idée de perfectionnement des institutions politiques, alors on verse délibérément dans une erreur colossale. Gouverner pour le peuple est très bien. Gouverner avec le peuple et par le peuple ne conduit au contraire à aucun résultat. L'art de gouverner n'est point un don naturel, c'est une science, la science la plus ardue et la plus longue à apprendre. Rares sont les hommes qui arrivent à la posséder complètement. A défaut d'autre preuve, l'expérience russe est suffisante en ce sens. Elle n'ouvrira du reste les yeux à personne. C'est le propre des gens qui vivent dans l'imagination de ne tenir aucun compte des faits qui contrarient leurs lubies. Tout gouvernement sensé, à ce qu'il me semble, a le devoir de réagir contre de telles opinions et au moins de ne leur prêter aucun appui.

En matière politique comme en toute autre, le bien qu'il est possible de réaliser dépend des hommes et non pas des constitutions. Ce n'est pas que les institutions humaines, et parmi elles les constitutions que les peuples jugent à propos de se donner, ne possèdent une certaine activité, elles agissent surtout fréquemment comme principe de limitation et peuvent exercer une influence heureuse ou funeste, mais jamais une constitution, si bonne et bien disposée qu'on la suppose, ne portera à elle seule de bons fruits; c'est une lettre morte comme ces traités d'arbitrage dont nous avons parlé. Tout dépend de l'usage qui en sera fait, des hommes qui auront à l'appliquer. Pour qu'une constitution, même bonne, produise les résultats heureux que l'on en attend, pour qu'elle donne au peuple à qui elle est destinée le bonheur qu'on lui a promis, il faut que cette constitution soit elle-même appliquée par des hommes capables et d'intentions droites. En ce sens nous dirons volontiers que la constitution la meilleure est celle qui ne gêne pas l'Etat dans l'accomplissement de ses devoirs. Les devoirs de l'Etat sont lourds, ils sont nombreux, il faut qu'il maintienne la vie de la communauté qui forme précisément cet Etat, qu'il défende son territoire et qu'il défende sa population, il faut que dans la limite du possible il assure la prospérité de la nation, ce qu'il fera en favorisant les activités individuelles innocentes ou utiles, il faut qu'il vienne judicieusement et au moment voulu en aide à ceux qui ont un constant besoin du secours des autres. Mais l'Etat n'est rien autre qu'une personne civile, qu'un dieu de pierre et de marbre auquel on adresserait vainement les plus pressantes supplications. L'Etat est une abstraction. Une abstraction n'a ni liberté ni volonté, ni connaissance du bien et du mal, et lorsqu'on pense qu'en changeant la forme de l'Etat et le groupement des pouvoirs dans l'intérieur de cette énorme machine on arrivera au bien, on se trompe grandement. L'Etat lui-même ne possède aucune activité, rien n'est à attendre de lui. Ce sont les gouvernants (et non pas le gouvernement) qui possèdent, eux, dans leurs personnes vivantes, tout ce qui est nécessaire à qui veut agir, et c'est de leur action que l'on peut attendre des résultats. Les gouvernants sont pourvus de volonté, de liberté, de connaissauce du bien et du mal, et fatalement le bien de l'Etat se trouve lié à leur probité, à leur habileté, à leur conscience, à leur zèle. Il ne faut pas que les formules que l'on emploie dans les ouvrages politiques masquent sur ce point la vérité qui est au contraire bonne à mettre en pleine lumière. Une constitution, comme une simple loi, n'est par elle-même rien. Qu'importe une savante balance des pouvoirs si les hommes qui les possèdent sont asservis à des intérêts particuliers et à quoi serviront les droits les plus solennellement garantis si la personne n'a pas un juge intègre devant qui porter ses doléances ?

En définitive, l'Etat, quelle que soit sa forme et par quelques ressorts qu'il se meuve, n'a pas d'autres qualités que celles des hommes à qui les grandes magistratures sont confiées. Il est évident dès lors que la valeur de ses institutions dépendra de la discipline intérieure de ces hommes. Un gouvernement qui se gérera d'après les principes chrétiens, c'est-à-dire un gouvernement formé d'hommes personnellement chrétiens, conscients de leurs responsabilités envers le peuple qu'ils conduisent, attentifs à bien pratiquer toutes les fonctions dont ils sont chargés, convaincus que c'est Dieu lui-même qui les a chargés de ces responsabilités et que c'est à Dieu qu'ils devront en rendre compte, ce gouvernement sera celui qui réalisera l'idéal d'un bon gouvernement; il vaudra à lui seul mieux que toutes les Constitutions. — Telle est la vérité à laquelle il faut toujours arriver et qu'il importe de dépouiller des apparences sous lesquelles trop souvent on tente de l'ensevelir, la vérité est que les hommes sont beaucoup plus que les choses en cette matière et que précisément parce que les hommes sont tout ou presque tout, il faut avant tout placer sa confiance dans la formation intime de ces hommes, dans leur nature, dans leur conscience, pour tout dire, dans leurs sentiments religieux, car ce sont encore leurs sentiments religieux qui les tiendront plus étroitement attachés aux devoirs qu'ils ont à remplir. Il suffirait de prescrire aux maîtres de la chose publique d'agir en chrétiens pour être assuré de la paix en dedans et en dehors.

Nous avons dit que la seconde caractéristique que le XIXe siècle a présentée et après lui le siècle actuel, a été son goût pour les congrès, et par congrès nous entendons ici toute réunion de Puissances, quel que soit son nom, les congrès, les conférences, les ententes, tout ce qui suppose un certain nombre d'Etats envoyant leurs représentants dans un même lieu pour y débattre les règles de la conduite commune qu'ils promettront de tenir ensuite. Ce goût pour les congrès, nous n'hésitons pas à le dire, est de la part d'une époque certainement un signe de faiblesse ; cela dénote un goût naturel pour l'éparpillemont des responsabilités, cela accuse le besoin de s'appuyer sur les autres et de vérifier à leur contact la valeur des doctrines politiques que, à soi seul, on n'oserait peut-être pas adopter.

Quand on parle de matières internationales, il ne faut sans doute pas faire fi des réunions de Puissances car il est des cas dans lesquels ces réunions sont absolument indispensables. Il en est des Etats comme des particuliers. Lorsque s'impose un règlement d'affaires communes à plusieurs Etats, un concert devient nécessaire et pour amener ce concert, il faut bien une réunion dans laquelle les intéressés débattront leurs intérêts, se feront les sacrifices nécessaires et arrêteront d'une façon inflexible les termes de l'arrangement qui dorénavant les liera. Ce n'est pas de ces congrès là qu'il s'agit car ils sont la chose la plus naturelle du monde, mais de ceux plus importants, plus majestueux, plus célèbres de beaucoup dans lesquels les Puissances se réunissent dans le but de convenir ensemble de leur conduite ultérieure.

Le XIXe siècle a été éminemment le siècle des Congrès. Toute la politique de la Sainte Alliance reposait sur cette idée de réunions assez rapprochées des souverains dans lesquelles ils débattraient fraternellement leurs intérêts et se donneraient les promesses et garanties nécessaires au maintien de la paix, comme aussi à la conservation de leurs pouvoirs souverains. — Plus tard, lorsque la politique de la Sainte Alliance se trouva subitement ruinée, l'usage même des congrès survécut et l'on peut dire qu'aucune affaire véritablement grosse n'a été engagée dans le courant de ce XIXe siècle sans que cette affaire ait donné lieu à des congrès internationaux. C'est ainsi que s'est produit constamment l'aménagement des affaires d'Orient. Toutes les fois où la Turquie s'est trouvée en cause ce sont des congrès européens qui ont décidé de ses affaires. Ailleurs le même système a été quelquefois suivi : avec la Belgique lorsqu'il s'est agi de proclamer son indépendonce et de ratifier sa séparation d'avec la Hollande ; de même et infructueusement avec le Danemark lors de la célèbre question des duchés. Les deux congrès de Berlin de 1878 et de 1885 sont restés célèbres. Enfin, vers la fin du siècle vinrent ces conférences de la Haye qui devaient à la fois régir le droit public et le droit privé, le droit de la guerre et le droit de la paix.

Le XXe siècle n'a pas démenti les espérances des précédents et c'est dans le sein d'un congrès, que les clauses du traité de Versailles et celles des traités qui sont venus se joindre à celui-ci ont été discutées et adoptées.

Faut-il enfin signaler la proposition américaine récente de réunions périodiques des représentants des grands Etats, proposition qui tend encore au maintien de la paix et à une bonne administration des affaires internationales, et qui rappelle de la façon la plus frappante et aussi la plus curieuse ces congrès d'Aix-la-Chapelle, de Laybach et de Vérone, auxquels les doctrines de la Sainte Alliance avaient, cent ans plus tôt, donné lieu.

Evidemment, depuis cent ans, les hommes d'Etat ont cru atteindre par cette voie des résultats meilleurs que ceux qui les attendaient. En substituant ainsi à l'initiative privée de grandes réunions toujours plus nombreuses, ils étaient séduits par l'idée de lier aux résolutions qu'elles adopteraient un nombre de plus en plus considérable d'Etats. Jamais échec plus net ne s'est produit. On voulait qu'il y eût une Europe et ces réunions avaient précisément pour objet d'en attester périodiquement l'existence. Or il n'y a plus d'Europe et plus de droit public européen. On pensait servir la cause des libertés de chacun. Jamais elles n'ont été plus menacées et jamais un impérialisme plus dûr ne s'est fait jour. On jurait de maintenir la paix et l'on n'a su produire que la guerre. L'évènement a trahi toutes les espérances des fauteurs de cette politique.

Je disais tout-à-l'heure que cette habitude est un signe de faiblesse. J'insiste sur ce point. Les devoirs des gouvernants n'admettent pas, chez ceux qui occupent les postes suprêmes l'abdication des fonctions qui leur sont confiées. Un pouvoir c'est essentiellement une responsabilité et un gouvernement qui consent à avoir les mains liées manque à son premier devoir envers son peuple. Les congrès ont à cet égard ce premier défaut de brider la liberté des Etats et souvent sur les points mêmes où il importerait davantage qu'elle demeurât entière. Si encore, il y gagnait d'être vraiment indépendant dans le domaine auquel ses obligations ne touchent pas. Mais non, car les Congrès peuvent servir — nous en avons la preuve actuelle — à asseoir plus solidement la suprématie d'une nation particulièrement favorisée. Le congrès de Berlin de 1878 par exemple a été un grand triomphe pour la politique anglaise. On a vu pire. On a vu un congrès, et ce n'est rien moins que le congrès de Paris de 1919, dominé par la volonté d'un homme et la suivre on peut le dire aveuglément, alors que la moindre critique personnelle de la part des gouvernants leur aurait montré que cet homme était précisément celui dont les idées ne devaient pas être suivies.

On ne peut guère attendre de semblables usages que du mal, car ils constituent en eux-mêmes des déviations de la ligne que les choses devraient suivre. Les responsabilités sont personnelles. Le coupable en matière politique est celui qui devait faire et qui n'a pas fait, ou qui devait s'abstenir alors qu'il a agi. Le premier devoir des gouvernants doit être de sauvegarder leur liberté car leur liberté leur permet, le moment venu, de prendre sous leur propre responsapilité les résolutions qui peuvent décider du salut de l'Etat. Se lier à des délibérations en commun, attendre un mot d'ordre des autres, résigner ainsi ses pouvoirs entre les mains d'une assemblée irresponsable, cela s'appelle laisser aller à la dérive l'esquif que l'on avait promis de diriger. Aussi cette politique est-elle la cause principale du désarroi dans lequel se trouve présentement l'esprit public en Europe. Il est visible que personne en définitive n'est satisfait de l'état actuel de la communauté internationale et que personne n'aperçoit les moyens de la transformer. On parle de reconstruction de l'Europe comme si l'édifice politique européen pouvait se construire sur le papier et cependant les fruits laborieux de la civilisation vont se perdre. La pure et simple barbarie reprend possession d'une large part du continent, le droit est aboli, les conventions qui sont les piliers de l'édifice international sont oubliées, et les lumières se perdent au point que l'on entend qualifier de progrès cette épouvantable régression. Aujourd'hui il faut pour se faire entendre parler de marchés à ouvrir et d'argent à gagner et l'on oublie l'exemple de l'Espagne que les richesses tirées du Nouveau Monde ont ruinée.

Nous croyons que sur ce point encore l'examen des questions étudiées dans cet enseignement sera peut-être une leçon utile à ceux qui gouvernent, car il aide à comprendre l'inconvénient qu'il y a à se défaire de sa tâche au lieu de l'accomplir, les souverains verront clairement sans doute que la première qualité qui leur est demandée est de demeurer fidèles aux fonctions qu'ils ont acceptées et qu'ils ne seraient pas des honnêtes gens, moins encore des gens dignes du nom de chrétiens s'ils n'acceptaient pas dans toute leur largeur les responsabilités qui tombent sur eux.

Telles sont les observations très simples que je voulais faire à cet égard. Elles me paraissent terminer d'une façon convenable la série de ces conférences consacrées aux rapports du droit et de la guerre.

Que l'idée suprême à laquelle nous arrivons soit celle-ci :

c'est de l'homme que dépend la destinée des hommes, et si l'homme n'est pas fidèle à la doctrine supérieure dont il a le devoir de s'inspirer, ce sont les peuples mêmes qui ne manquent pas alors de courir à leur perte. Est-ce à dire que la loi si difficile à suivre? La doctrine chrétienne nous fournit des lois manque ou soit suffisantes, les seules capables de résoudre ce problème désespéré des rapports de la guerre et du droit. Que nous dit la loi chrétienne ?

Tu ne tueras point et par conséquent tu n'ordonneras pas une guerre qui n'est point indispensable à ton existence.

Tu respecteras le bien d'autrui et tu devras t'abstenir de toute conquête sur tes voisins.

Tu aimeras ton prochain comme toi-même et par suite tu auras en horreur tous actes d'inhumanité que la haine seule peut commander.

Tu ne mentiras point et tu demeureras fidèle à ta parole et à l'honneur.

Ainsi c'est dans ce petit livre que l'on appelle un catéchisme que se trouvent, à mon humble avis, les meilleurs préceptes applicables à ce grand problème de la guerre et c'est pour avoir trop oublié ces éléments du droit chrétien que l'humanité a connu ses pires destinées.

La valeur des hommes publics qui mettront résolument ces lois en pratique sera grande. Ils auront découvert la seule conciliation possible de la guerre et du droit. M. Bonnevie avait eu la claire intuition de ces vérités. C'est pour les propager qu'il a fondé cet enseignement. Puisse-je n'avoir pas été, en l'inaugurant, trop inférieur à son attente.

TABLE DES MATIÈRES

www.ingramcontent.com/pod-product-compliance
Ingram Content Group UK Ltd.
Pitfield, Milton Keynes, MK11 3LW, UK
UKHW022025170726
13837UKWH00001B/411

9 782329 180885